# 子どもは「悪い子」に育てなさい

天才児が育つ7つの習慣

いぬかい良成
習志野台幼稚園理事長代行
全国私立幼稚園連盟事務局長

楓書店

はじめに

# あなたにとって子育てって何ですか?

「子育てがこんなに大変なものだったなんて!」
「生まれたときは、この子のためなら何でもしようって思ったけど、今は正直しんどい……」
「このままじゃ、子育てに自信が持てないし、子どもの将来が不安!」

もしあなたがこんな思いを抱えながら子育てをしているとしたら、実はそれはあなただけではないんです。同じ不安や悩みを抱えている親が大勢いるんです。

私の経営する幼稚園で、子育て中のお母さん100人を対象にアンケートをとったところ、100人中100人のお母さんが、子育てに関して「イライラを感じている」と答えました。

どのお母さんも自分の子どものことをとても愛しているし、決してイヤイヤ育てているわけではありません。それなのに、１００％のお母さんが子育て中にイライラしてしまうのは、いったいなぜでしょう？

「愛情いっぱいに育てているのに、わがままばかり言うから」

「子どもによかれと思って注意しているのに、親の言うことを聞いてくれないから」

「子育てと仕事で忙しいのに、良い子にしていてくれず、手がかかるから」

そんな風に、子どもが親の思い通りにならないときに、ついイラッとしてストレスを感じることが多いのではないでしょうか？

でも、考えてみてください。そもそも子どもは親の付属物ではありませんから、何でもロボットやペットのように親の思い通りになるわけがありませんよね？

どんなに小さくても、子どもは親とは別の個性を持ったひとりの人間です。子どもは、子ども自身の感性を駆使して、子ども自身の世界に生きているのです。

親の常識や親のルールが、すべてではありません。

親の思い通りにならない子は、えてして「悪い子」とみなされがちですが、親の思わくをはるかに超えたところにこそ、子どもの未知の可能性が潜んでいるのです。

これからの時代は、ＡＩ（人工知能）のロボットが、今まで人がしていた仕事を担っていくといわれています。

親の言う通りに勉強して、単に知識をたくさん詰め込んでも、ＡＩにはかないません。

そうした中で生き残っていけるのは、従順なロボットのような「良い子」ではなく、従来の常識を打ち破るような革新的で突き抜けた発想のできる子どもです。

親のイライラにおびえ、親の機嫌を損ねない「良い子」を演じたまま成長すると、「良い子症候群」に陥る危険性があります。

「良い子症候群」は、「良い子」であると他人に認めてもらうことでしか自分に自信を持てません。そのため、少しでも誰かに注意されたりすると、極端に落ち込んだり、あるいは逆ギレしてしまうことが多いのです。

「うちの子はどうしてこんなに悪い子なんだろう？」

そう思い悩んでいるお父さんお母さんは、我が子が「良い子」でないことをむしろ歓迎してください。

この本のタイトルにもあるように、私の考える教育コンセプトは、「子どもは悪い子に育てなさい」です。

私自身もかつて「悪い子」でした。

でも、そのおかげで、常識でガチガチな大人にならず、今も世の中の常識にとらわれない視点で発想し、チャレンジし、自発的にどんどん行動して、好奇心いっぱいの子どものように柔軟に学び、吸収し続けることができているのだと思います。

## ダメな親からの覚醒――「教育活動家」の原点

実は、かくいう私も、かつて自分の娘に対しては「こうすべき、ああすべき」と、自分の価値観を押しつける親でした。

当時は、「娘をしかることが娘のため」と信じて疑わないダメなパパだったのです。けれど、娘が中学生のときにいじめにあって登校拒否になり、いわゆる不良になって親に悪態をつくようになって、愕然としました。

「どうすればこの子と真摯に向き合うことができるんだろう?

どうすれば、娘が自力で立ち直ることができるだろう?」

そう真剣に思い悩んだことが、心理学やコーチング、NLPなどを学ぶきっかけになりました。

やがてそれらの学びが、私の考える独自の教育アプローチ「SE・iRYOメソッド」の基盤となりました。

「SE・iRYOメソッド」は、娘の問題を解決する際に実際に役立ったさまざまな方法論を取り入れたものであり、「教育活動家®」として活動する私の指標となっています。

私は「レッジョ・エミリア・アプローチ」をはじめ、世界各国の教育方法を実際に現地に足を運んで学び、それらを「SE・iRYOメソッド」にどんどん取り入れています。

子どもがさまざまなものごとに興味を持ってアプローチし、豊かにすくすく成長していくように、「SE・iRYOメソッド」もまだまだ成長していくでしょう。

本書では、「SE・iRYOメソッド」をベースとした、子育てノウハウを具体的にご紹介しています。

「親の言うことを聞く良い子に育てることで、子どもが本当に幸せになれるの？」
「いい学校に行かせることで、子どもが本当に幸せになれるの？」

――あなたが心のどこかで、そんな疑問を感じているとしたら、本書にはその答えが全て詰まっています。

この本が、ひとりでも多くのお父さん、お母さん、お祖父さん、お祖母さん、幼稚園や保育所の先生の育ての不安や悩みを、喜びに変える一助になれば幸いです。

さらに、本書がひとりでも多くの子どもたちの幸福な未来につながることを心より願っています。

教育活動家　いぬかい良成

第1章

# あなたの子どもは良い子？ 悪い子？ 013

Contents

# 第2章 子どもは「べき」ではなく「したい」で育てる

## 第3章 「天才児」が育つ7つの習慣 085



## 第4章 「五感」を活性化して隠れた能力を引き出す 119

## 第5章 子どもの自発性を引き出す海外の最先端の教育法

# 第1章

# あなたの子どもは
# 良い子？　悪い子？

# 親の敷いたレールの先にあるのは？

自分の子どもを「良い子」に育てたいと思いますか？

それとも「悪い子」に育てたいと思いますか？


もしそう尋ねられたら、「そりゃあ、良い子になってほしいに決まっているでしょ！」

または、

「とびきりの優等生にはなれなくても、悪い子にだけは絶対になってほしくない」と答える人がほとんどなのではないでしょうか？

しかし、私の持論は「子どもは悪い子に育てましょう！」です。

もちろん、「子どもを乱暴者に育てましょう」とか、「子どもを犯罪者に育てましょう」と言いたいわけではありません。

私のいう「悪い子」とは、簡単にいうと〝親の敷いたレールから逸脱する子ども〟です。

「何それ⁉　うちの子をそんな脱落者になんてしたくない！」

「そもそもレールなんて敷いているつもりはない！」

と思われるかもしれませんが、親は知らず知らずのうちに、我が子の人生に自分好みのレールを敷きがちです。

「そんなことしちゃダメッ。転んでケガでもしたら危ないでしょ！」

「××ちゃんはお行儀が悪いから、もう一緒に遊んじゃダメよ」

「そんなくだらないものばかり見ていないで、この本を読みなさい」

「もっと勉強して偏差値を上げないと、バカな学校にしか行けないわよ！」

「夢みたいなことばかり言ってないで、もっと安定した職につきなさい」

――多くの子どもたちは、「あなたには無理！」とか「これはダメ」「あれもやめなさい」

「そうじゃなくて、こうしなさい」と、親の決めたルールにがんじがらめにされています。

そんな親の決めたルールに支配され、親の望むゴールに向かってひょろひょろ伸びているきゅうくつな道――それが親の敷いたレールです。

「別に無理強いしているわけじゃありません。ただ、自分の子どもが道を踏み外さず、幸せな人生を送れるように導いてあげるのは、愛情ある親の役目でしょ！」

私も教育活動家であると同時に、ひとりの子どもの親なので、そんな風に反論したくなる気持ちは理解できます。

けれど、親が思い描く幸せが、必ずしも子ども自身の幸せとは限らないのです。

「いい学校に行きなさい。そうすれば人生幸せになれるから」と、親の敷いたレールに沿って子どもが一流大学に合格したとします。しかし、その子が自ら「行きたい」と望んだのではなく、ただ親の進める大学に入った場合、子どもは入学した後の人生を描けなくなってしまいます。大学に入るという目的が達成されそこで燃え尽きてしまう、いわゆる「燃え尽き症候群」になってしまいます。しかし人生が始まるのはこれからです。社会に羽ばたく前の通過点に過ぎない大学入学が、人生の終着駅になってしまっていませんか？

## 「良い子」に育てるのは本当に大切なことですか？

あなたの子どもは、子ども自身の生き方を生きていますか？

子ども自身の生き方を生きる、唯一無二の存在——それが「子ども」なんです。

親の決めたルールを無視して、自分の興味のあることに突っ走る子ども。

親の望む型からはみ出して、自由奔放な発想をする子ども。

親の価値観などお構いなしで、独自の考えを主張する子ども。

子どもが子ども自身の生き方を生きていますか？


——そもそも私たち自身がそうであるように、唯一無二の存在が「子ども」なんです。


しかし、そうした自分自身を貫いて自己表現できる子は、えてして親のいうことをきかないわがままな問題児であり、「悪い子」とみなされがちです。

私はむしろそうした「悪い子」と言われてしまうような面にこそ、その子本来の個性や未知の可能性が潜んでいると思っています。

親の敷いたレールを逸脱する「悪い子」＝脱落者ではありません。

むしろ親の敷いたレールを逸脱できない「良い子」のほうが、人生を長い目で見た場合、脱落者になる危険性があるのではないでしょうか？

臨床心理学の第一人者である河合隼雄氏は、『子どもと悪』（岩波書店刊）という著書の中で、こんなことを述べています。

「現代日本の親が子どもの教育に熱心なのはいいが、何とかして『よい子』をつくろうとし、そのためには『悪の排除』をすればよいと単純に考える誤りを犯している人が多すぎる。そのような子育ての犠牲者とでも呼びたい子どもたちに、われわれ臨床心理士はよく会っている」。

また、子どもの不登校や非行、犯罪者の更生について研究を重ねた臨床教育学者の岡本茂樹氏は、『いい子に育てると犯罪者になります』（新潮社刊）という著書の中で、こんなことを述べています。

「刑務所への出入りを繰り返す受刑者には『いい子』だった者が多い。自分の感情を素直に出さず、幼少期から無理を重ね、親の期待する役割を演じることに耐えられなくなったとき、積もり積もった否定的感情が犯罪という形で爆発する。健全な子育ては、『いい子』を強いるのではなく、ありのままの姿を認めることから始まる」。

私も彼らの意見に同感です。子どもに「良い子」を強いても、「良い子」には育ちません。むしろ、親の望む「良い子」とは真逆の方向に暴走する危険性があります。

私が考える理想の幼児教育とは、親の期待する役割を演じる、ものわかりの「良い子」

や、親や先生に気に入られようとする要領の「良い子」を育てることではありません。

子ども自身にいろいろな経験をさせ、そこから子ども自身がさまざまなものごとに興味を抱き、自分の頭で思考し、想像し、探求することが大切なんです。

先日、私はニューヨークの超名門校、コロンビア大学の学生たちと一緒に過ごしました。そのとき、生徒と先生の関係性にとても興味を覚えたのです。何に着目したかというと「フラット」な人間関係です。私が学生時代に経験した生徒と先生の立場は「上と下」でした。おそらくみなさんも同様の環境で育ったことでしょう。でも、その中で印象に残っている大好きな先生は、私に対してひとりの人間として接してくれ、その関係はまさしく「フラット」でした。

そんな関係性によって、子どもが自ら進んで行動し、さらなる探求をしたり、自由に自己表現できる力が育まれていくのではないかと思います。

# 子どもに見えないクサリを付けていませんか？

ノミは体長数ミリしかありませんが、体長の百倍以上の高さまで跳躍できるといわれます。人に換算すれば上空１５０ｍ以上ピョーンと跳べるわけですから、驚きのジャンプ力ですよね？

でも、ノミを密閉した小さなコップの中で育てると、どうなると思いますか？

コップのふたを開けても、ノミはコップの高さ以上は跳ぼうとしなくなるそうです。本来なら軽々と飛び越えられるジャンプ力を持っているはずなのに、コップの口から外に出られなくなってしまうのです。

ノミだけではありません。広大なサバンナから動物園に連れて来られた子象は、最初は足につながれたクサリを何度も外そうとして必死に脱走しようと試みるそうです。けれど、何年も動物園の狭い象舎で暮らしているうちに、子象はクサリから逃れて自由になることをすっかり諦めてしまいます。

やがて、クサリを外せるほどがっしりした巨象に成長しても、もはやクサリを外そうと

いう素振りすら見せなくなるそうです。

もちろん、あなたはそんなことはしていないと思いますが、もしも、あなたが自分でも気づかないうちに、子どもを小さなコップのような世界で育てているとしたら……？

もしも、あなたが自分でも気づかないうちに、子どものやる気を奪うクサリをかけているとしたら……？

「まさか、自分の子どもにそんなにひどいことをするわけがない！」

ほとんどの方はそう思われると思います。

でも、子どもに普段何気なくこんな言い方をしていませんか？

「あれはダメ、これもダメ」

「こうしなさい、ああしなさい」

「こうすべきだ、ああすべきだ」

もしこうした言い方が口ぐせのようになっているとしたら、結果的に子どもを小さなコップの中で育てたり、自由を奪うクサリをかけたりしているのと同じです。

そんな風に育てられると、本来は壁をピョーンと跳び越えて自力でクサリをぶっちぎっていけるのに、「自分にはとてもそんなことなんて、できない……」と萎縮してしまい、自己評価や自己肯定感の低い子になってしまう可能性があります。

親の何気ない言動が、知らず知らずのうちに子どもの自信を奪い、可能性の芽をどんどん摘んでしまう危険性があるのです。


日本青少年研究所が調べた「高校生の心と体の健康に関する調査」(2011年)によると、「自分は価値のある人間だと思いますか?」という問いに対して、「全くそうだ」と答えた日本人の高校生は、1割もいませんでした。

一方、韓国人の約2割、中国人の約4割強、アメリカ人の約6割は自分の価値を全面肯定しており、大きな差が見られました。

私たちの子どもたちの自己肯定感がここまで低い理由の一因は、親が子どもを信頼していないせいではないかと思われます。

もし親が自分の子どものことを心から信頼していれば、子どもの人生に親がレールを敷いて、子どもを自分の所有物のようにコントロールしようとは思わないのでは？

## あなたの「常識」は「非常識」かもしれない

「常識とは、18歳までに身につけた偏見のコレクションに過ぎない」

これはアインシュタイン語録のひとつです。

「これが常識！」と信じて親が子どもに押しつけているルールは、実は親の限られた経験と知識による「偏った常識」であることがよくあります。自分が「当たり前」と信じている常識が、別の角度から見るととんでもなく「非常識」な場合もあるのです。

親は自分の経験則に基づき、自分の理解できる範疇で、子どもによかれと思ってレールを敷きたがりますが、もしかするとその子はそんな常識的な生き方をはるかに超越した、ものすごい能力を持っているかもしれません。

「いやいやうちの子は普通の子です。親である私が一番わかっています！」

「親の言うことをちゃんと聞く、素直な子に育ってくれればいい」

そんな風に考える方もいるかもしれませんね。

しかし、子どもの未知数の力を軽んじてはいけません。

脳科学やＮＬＰ、心理学、コーチングなどの世界では、人間は自分の持っている力のほんの２～３％しか実際には使っていないと言われています。

今私たちが使っている能力は、決してすべてではないのです。

たとえ今は何をやってもパッとしない子でも、その子ならではの持ち味が徐々に開花して、素晴らしい才能を覚醒させることだって十分にあり得ます。

今は親の手をわずらわせる問題児でも、大人になっていく過程で見違えるほど大きな器の人間に成長することもあります。

子どもの潜在能力を親が勝手に低く見積もって、せっかくの芽を摘んでいませんか？

逆に、親が子どもの将来に期待をしすぎるあまり、習いごとを過剰にさせるのも子どもにとっては負担なのではないでしょうか？　どちらも根底にあるのは、親のエゴです。

子どもは親の一部ではありません。子どもは親の所有物でもありません。

私は「子ども」という字を「子供」とは表現しません。

なぜならば、「子を供する」という意味になってしまうからです。

どんなに小さくたって、子どももひとりの人格者ですから、供してはいけないと考えています。

子どもの未知数の能力を育むためには、親のエゴをむやみに子どもに押し付けず、その子の個性をまず親が受け入れてあげる姿勢が大切です。

## 「出る杭！」がヒーローに化ける？

古今東西、偉業を成し遂げた人物には、子どものころに問題児だったというエピソードが多々あります。

「think different」――これは、「世界を変えた人たちは、変人だった」というメッセージを伝えるアップル社（スティーブ・ジョブズ）の有名なＣＭのキャッチコピーです。

このCMに登場するのは、トーマス・エジソン、アルベルト・アインシュタイン、パブロ・ピカソ、ジョン・レノン、アルフレッド・ヒッチコック、モハメド・アリなど、歴史に名を残すイノベーター（改革者）ばかりです。

たとえばノーベル賞を受賞した天才物理学者のアルベルト・アインシュタインは、子どものころから天才だったわけではなく、10歳近くになっても言葉をまともに話せず、クラスメイトにバカにされていたといいます。

トーマス・エジソンは、小学1年生の算数の授業で「なぜ1＋1は必ず2になるの？2つの粘土を混ぜたら、ひとつの粘土になるじゃないか」と教師にしつこく食い下がり、「この子は頭がおかしいから、もう学校に来なくていいです」と教師に見放されてしまいます。

そのため、エジソンは小学校さえまともに出ていませんが、ご存知の通り、彼は世界屈指の発明王になりました。

日本史上、傑出した武将とうたわれた織田信長も、子どものころは「大うつけ者（大バカ者）」といわれる手のつけられない悪童でした。

父親のお葬式の際には、いつにも増してだらしない格好で現れ、位牌に向かって抹香をぶちまけて周囲をあきれさせたという逸話も残っています。

余談ながら、私も幼少期から大変ないたずら者で、幼稚園の先生に「そんなにイタズラばかりしているなら、もう幼稚園に来なくていいです！」といわれ、そのまま走って家に帰ったことがあります。後から私がいないことに気づいた幼稚園中の先生たちが、あわてであちこちを探しまくり、大騒ぎになったと聞いています。

また、20歳位のとき、祖父の葬儀会場に金髪モヒカン姿で現れ、周囲から大ひんしゅくを買ったこともあり……、私のやんちゃ話は枚挙にいとまがありません。

私をそうした歴史上の偉人たちと同等に語るつもりはありませんが、あまりにも個性が強烈だったり、発想が突飛だったりする子どもは、家族や学校や地域社会という枠組の中では、とかく異端児扱いされるものです。

そうした常識にとらわれない子どもこそ、「世界を変えた人たちは、変人だった」というアップル社のキャッチコピーのように、時代を切り開くイノベーターになることが多いように感じます。

けれど、残念ながら「出る杭は打たれる」のが世の常です。

特に日本の社会は周囲との協調性を重んじ、「長いものには巻かれろ」とか「寄らば大樹の陰」といったメンタリティが強いので、空気を読まずに和を乱すような子どもは、まさに「出る杭」として周りから叩かれがちです。

しかし、「出る杭」＝「悪い子」ではありません。

他の子どもと違うユニークな「個性」を持っている証拠です。

たとえ自分の子どもが扱いにくいと感じても、他の子どもと比べてそれを恥じたり、ムリに押さえつけるのはやめましょう。長いものにイージーに巻かれない子どもには、未来に花開く素晴らしい「ギフト」が宿っている可能性がありますから。

## 子どもに教えるべき5つのマナー

ここまで、子どもには親の考えるルールを押しつけてはいけない、というお話をさせていただきました。それでは、子育てとはすべてを子どもの自主性にまかせ、自由にやりたいようにやらせることなのでしょうか。

「子どもは放っておいても育つ」という言葉がありますが、日々成長する子に何もしつけなければ、人としての基礎が身につかず、ただのわがままな子どもになってしまいます。親は友達ではなく、きちんと子どもをファシリテートしていくことが、望ましい姿なのだと思います。幼稚園や保育所の先生たちも同様に思っていますが、いかがでしょうか？

建物は土台がしっかりしていないと、ちょっと揺れただけでもグラグラして倒壊してしまいます。同じように、人も土台がしっかりしていないと、自立できません。

土台をきちんと作りさえすれば、その上にはさまざまな経験や情報、時間の山を積み重ねても、崩れることはないでしょう。

人としての土台となる基礎とは、具体的にいうと生活習慣や社会的なマナーです。

それを身につけるためには、「態度教育（しつけ）」（ＮＰＯ法人エンジェルサポートアソシエーション）が不可欠です。

「態度教育」とは、「あいさつ」「返事」「履物をそろえる」「姿勢を正す（立腰）」「食事のマナーを身につける（食育）」という5つの基本要素で成り立っています。

## 1　あいさつ――相手に心を向ける

自分から大きな声で元気よくあいさつをします。

言葉だけではなく、相手にきちんと「気持ち」を向けることが大切です。気持ちを向ければ、身体も自然と相手のほうに向くはずです。

## 2　返事――尊敬の第一歩

人に対して「はい」と返事をすることは、伏せてあったコップを上に向けて、注がれる水を快く受け入れるように、「これからあなたの話を聞きますよ」という敬意の表明です。

返事をすることは、人を大切にし、人を素直に尊敬する第一歩です。

## 3　履物をそろえる――物と心のけじめ

履物をそろえるという行為は、土足を禁ずる日本独特の文化風習です。

自分の脱いだ履物をきちんと整えることは、「心とモノのけじめをつける」

ということであり、「しまりをつける」という精神にもつながります。

自分で自分を律するという点で、「自制心」と「自律心」が育まれます。

### 4　姿勢を正す（立腰）――心身をコントロール

モノや情報にあふれた今の時代に、忍耐を教えることは至難の業です。

腰をピンと伸ばし、姿勢を正すことを通して、心と身体をコントロールし、がまんのできる心の強い子どもを育てます。

### 5　食事のマナーを身につける（食育）――命への感謝、健康の土台

すべての人が必ず幸せになれる魔法の言葉って知っていますか？

それは、「いただきます」と「ごちそうさまでした」です。

この2つの言葉がきちんと言えれば、必ずその子は幸せになれます。

「いただきます」には、2つの意味があります。

ひとつは、野菜や肉や魚など食材の「命」そのものをいただくことへの感謝です。

もうひとつは、「食材をつくる」「食材を運ぶ」「食材を調理する」といった、食にかか

わるすべての人たちへの感謝です。

「ごちそうさまでした」は「馳走」という字からもお分かりの通り、本来は大切な家族を食べさせるために、一生懸命走り回って食べ物を集めてきてくれた人や、ご馳走を作ってくれた人に対する感謝の言葉です。

この2つの言葉を現代風にアレンジすると、こんな風になります。

「パパ、ありがとう。一生懸命働いて、食べるものに不自由しないように育ててくれて。ママ、毎日食事を作ってくれて、毎日美味しくいただいています。ありがとう」

――そんな気持ちで、毎日の食卓に感謝のできる子どもがきちんと育っていけば、親も子どももきっと幸せになれると思いませんか?

「食べることは、生きること」ですから、自分の健康を大切にする心が育まれます。

そう、命を育てているのです。

「なーんだ、態度教育って、そんな当たり前のことか」と思った人もいるでしょう。

しかし、一見当たり前のようですが、よく周りを見渡してみてください。

大人でも返事がいいかげんだったり、目も合わせないであいさつをしたり、脱いだ靴が乱れていたり、姿勢が悪かったり、何もいわずに黙ってご飯を食べ始めたり……基本的な態度が身についていない人が意外と目に付きませんか？

もしお父さんやお母さんが態度教育をおろそかにしていれば、子どもは必ずそれを真似します。

私の持論は「子どもは悪い子に育てなさい」ですが、「態度の悪い子」に育てるという意味ではありません。

いくら子どもの個性を大切にするといっても、あいさつや返事もまともにできないのは個性とは違います。

あくまでも、態度教育の5つの基本が身についていることが大前提です。

「子どもは放っておいても育つ」を実践し、子どもを放任してしまうと、ひとりの人格を持った人間としての「心」が育ちません。

私の運営する習志野台幼稚園では、この態度教育を2011年から導入しています。

こうした態度教育を実践することで、子どもの「心」が鍛えられ、人としてなくてはならない基礎がしっかりと身につきます。

今後は「あいさつ」の一環として、〝世界一の朝礼〟としてさまざまな組織で注目を集める、九州の小学校教師の香葉村真由美さんが実践している「子ども朝礼」を取り入れていこうと思っています。

香葉村先生はクラス内のいじめをなくすためにこの朝礼スタイルを取り入れられたそうです。毎朝クラス全員で踊るように元気にあいさつをし合うことで、「友だちができた！」「友だちを信じられるようになった！」「学校が楽しみになった！」という子どもたちが増えたそうです。

あいさつと組み合わせて、園児に「みんなと仲よくします！」「ごはんをいっぱい食べます！」といった、今日の目標を言ってもらったりもします。

かなりハイテンションでにぎやかな朝礼ですが、お腹から声を出して表現することで、「今日も1日がんばろう！」という元気スイッチが入ります。

子どもたちだけでなく、担任の先生たちも毎朝ハイタッチで明るく元気に声を出し、元気スイッチをオンにしています。それによってその日の目標を共有し、先生たちのチーム感も高まるというメリットがあります。

## 「しつけのつもりで〝つい〟……」にならないために

「ちゃんと返事しなさいって何度いったらわかるのっ⁉」

「いただきますも言えない子には、ごはんをあげないよ！」

そんな風に感情をぶつけてガミガミ怒ることや、子どもを脅して言うことをきかせるのは、しつけではありません。

子どもにしつけをむりやり強要しても、「ママに怒られるからしかたない」と思ってしぶしぶ「はい」と返事をしたり、ママが怖いから仕方なく「いただきます」と言って見せたりするだけの、見せかけの「いい子」にしかなりません。

人としての土台となる態度教育を子どもに身につけさせるには、形だけ従わせるのではなく、なぜ返事をする必要があるのか、なぜ「いただきます」を言う必要があるのかといったことを、子どもが心で納得するように根気よく対話することが大切です。

「なんで、返事しなきゃなんないの？」

「なんでだろうねえ？　もしマー君がママを呼んでも、ママがこんな風にプイって顔をあっちに向けたまんまで返事しなかったら、マー君はどう思う？」

「えーっ、やだー！　ママこっち向いて向いて！」

「やだよねえ。じゃあ、ママのこと呼んでみて」

「ママ！」

「はい！（にっこり笑顔で）。ママが返事するとどんな気持ち？」

「うれしい！」

「呼んでも返事しなかったら、いやだけど、ちゃんと返事してもらえると嬉しいよね。マー君も誰かに呼ばれたら『はい！』って返事してごらん。そしたら、呼んだ人もきっと嬉しいよ」

子どもの目線で語りかけ、子どもが「そっか、じゃあ自分もそうしよう」と納得すれば、自ら進んでするようになります。親がガミガミしかりつけなくても、自然に身についていきます。

「しつけのつもりで〝つい〟……」

そんな行き過ぎたしつけが重大な事件に発展しているケースがありますが、子どもにしつけをするのは、その子が幸せに自立して生きていくための生活習慣や社会的なマナーを身につけさせるのが目的のはずです。

ひとことでいうと、しつけとはその子を「幸せにすること」と言えるのではないでしょうか？

しつけと称して、子どもを幸せから遠ざけてしまっては、元も子もありません。

## 子どもは「子どもの世界」で生きている

「文武両道」という言葉がありますが、高い知能を育むためには、座学の勉強だけでは限界があります。

脳も身体の一部です。体力がないと、脳を集中して働かせることができません。

多くの幼稚園には園庭がありますが、私は園庭を「屋根のない教室」と考えています。

園庭に出れば、太陽のきらめき、風の動き、雨の音、四季折々の樹々や草花の香り、暑さ、寒さ、快さなどなど、室内にいるだけでは感じ取れないものを感じながら、全身を思いっきり伸ばして、遊びの中からさまざまな感性を磨き、身体能力を鍛えることができます。

ひたすらに、きゃっきゃと楽しそうに遊んでいるだけのように見えるかもしれませんが、その一挙手一投足が、子どもたちの「心」「体」「知」をざくざく耕しているのです。

園庭と園舎、遊びと学び――そんな大人のつくった枠組みなど超越した「子どもの世界」で、子どもたちは伸びやかに生きているのだと思います。

彼らは全身全霊で感じ、考え、判断し、さまざまなものごとをどん欲に自分の血肉にしているのです。

近年、公立の公園では、子どもがケガをするリスクをなくすために、かつてはどこでも当たり前のように見られたブランコやジャングルジム、滑り台、シーソーといった大型遊具がどんどん撤去されています。

正確には子どものケガのリスクをなくすためというより、ケガをした際に、クレームが入るリスクを排除しようという、大人の論理がベースにあるのだと思います。

私も子ども時代は大きな遊具で思いっきりわんぱくに遊んでいましたが、ダイナミックな動きができるので全身運動になりますし、何よりとてもエキサイティングでした。

そんな子ども時代ならではの貴重な体験が、大人の論理で奪われるのは奇妙です。

習志野台幼稚園では、園庭にアスレチックな遊びが楽しめる3階建ての大型木製遊具と

習志野台幼稚園の３階建ての大型木製遊具と元気に遊ぶ子どもたち

２階建て鉄の大型遊具を設置しています。

それらの遊具には子どもたちの身体の発達に合わせて楽しめる知恵がたくさん詰まっています。２、３歳児は１階の人工芝でオママゴトをしたり、すべり台で遊び、４歳児は１階と２階を行き来できる登り棒やトランポリンをエンジョイ。そして５歳児は、ボルダリングのスラブを伝って最上階の３階へアドベンチャー！

あえて階段をつくっていないので、子どもたちは徐々に成長しながら全身を使って上下を行き来する術を身につけていきます。

## 「危ない」「怖い」「痛い」を体験させよう！

「あんなに高い所から滑り落ちてしまったら、ケガしませんか？」

「段差があって、危なくないですか？」

大きな遊具を見て、そんな心配をされる保護者さんもいます。

もちろん、遊具の安全性には万全の配慮をしていますし、先生たちが見ていますから、めったなことはありません。

ただ、わんぱく盛りの子どもたちですから、ときには鬼ごっこしていてうっかり転んだり、はしゃぎ過ぎて滑ったりして、手足をすりむいてしまったりすることもあります。

でも、転んですりむいて、「うわあ、痛いよう！」「赤い血が出てる！」と痛みを自分で体験してリアルに実感しないと、いくら親が「危ないからやめなさいっ！」と叱っても、「危ない」の本当に意味を理解できません。

「危ない」「怖い」「痛い」ということを生身の身体でリアルに体験したことがない子どもは、「このぐらいならいけそうかな？」とか「これ以上はやばいぞ！」というさじ加減がわからないので、かえって危険です。そもそも1度も怪我や危険な目に遭ったことがない人っていないでしょ？　園から出たら段差はいっぱいあるし、そもそも自宅のトイレって大人用ですよね？

コンピュータのヴァーチャル空間では、闘って死んでゲームオーバーになっても、リセットすれば即座に無傷の戦士に戻れるので、今の子どもたちは生身のリアリティがどんどん薄まっているような気がします。だからこそ、ときには転んでひざ小僧がすりむけてしまうようなリスクも含んだ遊具で遊ぶ経験が大切になってくるのです。

２０１１年3月に起きた東日本大震災は、子どもの防災を再認識する大変重要な機会になりました。

子どもは緊急時にパニックになりやすいのでとても危険です。特に幼児はうつ伏せになった姿勢だと、わずか10センチ程度の水深でも溺れてしまうことがあります。

習志野台幼稚園では、未就園児クラスの2歳児～3歳児のときから組み立て式プールで水に慣れさせ、4～5歳になったらスポーツクラブでプロの指導を受けるようにするなど、子どもたちが日頃から水に慣れ親しんでおくことで、危険を回避する力を身につけることを目指しています。

遊具にしても、プールにしても、「危ない」「怖い」「痛い」をやみくもに遠ざけるのではなく、そうしたリスクについても子どもたちがリアルに実感することが大切なのです。

そしてそのことは、自分の痛みが分かるだけでなく、他人の痛みを理解することにもつながります。何をしたら相手が嫌なのか、そして危険なのか、といったラインについても知ることができるわけです。

## 転んでも自力で立つ子と、起こしてもらう子の違い

「うちの子がケガをさせられた‼」

幼稚園で子どもが遊んでいて転んで手足をすりむいてしまったりすると、怒りの矛先を幼稚園に向けてこられる保護者がたまにいらっしゃいます。

「先生の不注意だ！」

「転んでケガをさせるような遊具があるのが悪い！」

「そもそも園の管理が悪い！」

子どもがはしゃいで転んでしまっただけなのに、親が何でもかんでも他人のせいにしていると、その子はどんな人生を歩んでいくと思いますか？　実は、その子もそんな親を見て育つので、同じように何でも他人のせいにする無責任な人間になってしまうのです。
「ぼくは何も悪くないもん！　友だちが悪い、先生が悪い、幼稚園が悪い、学校が悪い、会社が悪い、社会が悪い！　そもそも自分の人生が転んでばかりなのは、こんな自分を生んだ親が悪いんだ！」
——残念ながら、一生転ばない人間などいません。
人は、転んでも転んでも、歯を食いしばって立ち上がっていくことで強くなっていきます。

大切なのは、子どもが転んだ責任を他者になすりつけることではなく、その子が転んでも自力で立ち上がるのをファシリテートしてあげることです。

転んで泥だらけになったり、痛い思いをしたりしても、子どもにその辛さを自力で克服する体験をさせることが大切です。その痛く辛い体験が、その子の大きな学びとなって、大きく成長させる原動力になります。

転ぶたびに「エーン」と泣いてみせて、親に起こしてもらうまで自力で立とうとしない子は、いつまでも自立できない依存的な人間になってしまいます。

コップから跳び出せるのに跳び出そうとしないノミや、クサリを外せるのに外すことを諦めてしまった象と同じです。

もしも我が子が転んでも、簡単に手を貸さず、明るく励ましてあげましょう。

「大丈夫だよ。さあ自分で立ってみようか。あ、すごいね！　ちゃんと立てたね！」

親が子どもを信じて笑顔で見守っていれば、子どもは必ず自力で立とうとします。

それによって、「痛かったけど、がんばれば自分でちゃんと立てるんだ」という克服体験に基づいて自信を得ることができます。子どもの自己肯定感や自己評価の高さは、こうした親の接し方の積み重ねで大きく変わってくるのです。

## 自分の「MAP」は自分で描く！

私は世界各国の教育現場を訪れ、さまざまな教育者と交流し、さまざまな教育スタイルを実際に見てきました。

戦後70年続く日本の義務教育は、「つめこみ教育」から「ゆとり教育」へ、そして今度は「脱・ゆとり教育」と迷走を続けています（近年「アクティブラーニング」が導入され始めましたが、実際に有効的に活用できている先生はごく少数です）。

そうした中で、日本の教育は常に「座学」の授業が中心になっています。

座学とは、文字通り教室の席に座って、教科書を読んだり、先生の話を聞くという学習スタイルです。

しかし、座学での授業で得られるものは、決して世界基準ではないと私は思っています。ちんまりと座って知識を覚えるだけでなく、子どもが自らの体験を通して学ぶことがとても重要です。

文部科学省も「自分の頭で思考できる子ども」を育てるために、授業を一方的に受ける受動的な学習方法ではなく、能動的に学習する「アクティブ・ラーニング」という教育論を2013年に導入しました。

グローバル化がますます進む国際社会の中で子どもたちがサバイバルしていくためは、親のいうことに忠実なだけの「良い子」ではなく、国境や言語の壁を自力で乗り越えられるアクティブなパワーが必要です。

そのためには、もっと子どもの自発的な行動を促し、子どもが自ら進んでどんどん計画し、興味のあるものを、わくわく探求して、自分の見解や思考を自分の言葉でプレゼンテーションする力を育まなければなりません。

子ども自身がさまざまなものに興味を抱き、それを「M（ミッション）」として、興味あるものにどんどんアプローチするという「A（アクション）」を起こし、「P（パッション）」を持って夢中で探求する——これを地図のマップにかけて「MAP＝Mission！×Action！×Passion！」「自分の地図は自分で描く！」と私は呼んでいます。

親の敷いた「いい子」のレールの上できゅうくつに生きるのではなく、真っ白なキャンバスの上に子どもが自ら自分の地図（MAP）を自由に描くのです。

とんでもなくどデカいMAP、山あり谷ありのアドベンチャーなMAP、きらきらカラフルなMAP――どんなMAPを描くのかは、その子次第です。

ひとりひとりの子どもが、自分の心と身体をフルに使って、自分のMAPを自由に描きながら成長していく。

それが私の理想とする教育アプローチ「SE・iRYOメソッド」です。

# 第2章

# 子どもは「べき」ではなく「したい」で育てる

# 「べきべきパパ」「べきべきママ」になっていませんか？

私は20代のころから幼稚園や保育園の仕事に携わり、多くの子どもたちと直に触れあってきましたが、昔も今も、子どもたちはそれほど大きく変わったとは思っていません。変わったと感じるのは、子どもたちを取り巻く環境です。

特に大きく変化したのは、子どもたちの1番身近にいる私たち「大人」です。

「私の言うことを聞くべき」

「それはがまんすべき」

「あそこに行くべき」

私たち大人は、子どもたちに自分の価値観を「べきべき」押しつける、「べきべきパパ」や「べきべきママ」になってはいないでしょうか？

「べき」が口癖になっている親は、子どもの今の状態に対して口出しや手出しをして、親自身の自己満足を得ています。

何を隠そう、私自身もかつてバリバリの「べきべきパパ」でした。

後で詳しく触れますが、当時、娘は父親である私を怖がって避け、思春期のころにはいじめや不登校になってしまいました。

その苦い反省も込めて、「べきべきパパ」や「べきべきママ」になって、子どもを窮屈な「べきべきワールド」に押し込めてはいけないということを訴えたいと思います。

何もできない赤ちゃんのときから我が子を育てていると、いつまで経っても未熟だと思い込んでしまい、ついやることなすことに口を出したり、手を出したりしたくなる気持ちが痛いほどよくわかります。

しかし、どんなに親が子どもをべきべきコントロールしようとしても、親が影のようにずっと子どもの人生にくっついていくわけにはいきませんよね？

子どもは、今この一瞬一瞬の積み重ねによって成長しています。

かけがえのない子どもの今のこの瞬間に、いちいち親がべきべき指示ばかりするのは、これから花や実になろうとしている未来の可能性の芽を摘み取ってしまうのと同じことではないでしょうか？

## 子育てママは100％イライラしている！

子育て中のお母さんの気持ちを知るために、約100人の子育てママにアンケートを取ったことがあります。すると、なんと100％のお母さんが何かしらイライラを感じていると答えたのです。

イライラが始まるのは、子どもが親の言うことを聞かなくなる1歳半以降と答えたお母さんが9割以上でした。

親がイライラしていれば、溜まったストレスが必ずどこかに噴出します。

そうしたお母さん方の抱えているストレスに気付くきっかけとなった事件がありました。

かつて、幼稚園を建て替えていたとき、一部の保護者よりクレームがあり、その周囲の保護者も巻き込んだ抗議を受けたのです。

中には「これは幼稚園に関する問題ではなく、個人的な問題では？」という内容のクレームもありました。ごく一部のお母さんからのクレームだったのですが、その方が「幼稚園の園児500名の保護者さん全員に対して説明会を開くべきだ！」と主張され、私は1週

## 子育てについてのアンケート結果
（日本ペアレンティング協会セミナー受講者回答より抜粋）

**質問内容** 講座に参加する前にどんなことで悩んいましたか？　また、どうなりたいと思っていましたか？

・Ｉさん（３歳児）／忙しさから時間にゆとりがなく、子どもと接する時間が短くなってしまっていた。ゆとりがないので、ゆっくり子どもと話したり、遊ぶことができない。もっと子どもと向き合いたい。ついイライラして、子どもを叱ることが多くなってしまった。

・S・Sさん（４歳児）／平日は両親共にフルで勤務しているため、時間や心に余裕を持つことができず、子どもにもどうしても、口うるさく注意することが多くなってしまう。

・N・Hさん（４歳児）／感情的に子どもに怒ってしまうこと。家事育児について夫の理解が足りないと感じていること。

・匿名（２歳児）／家で子どもと過ごしているとイライラすることが多くなっていました。悪戯するのを何回も叱る自分が嫌になることがしばしば……

・N・Sさん（１歳児・２歳児）／２歳になり自我が出てきて、大人の言うことに応じてくれないときがある。子どもが自らの意思で親の思うとおりに動いてくれるようになってほしい。

・Y・Kさん（４歳児）／子どもがかんしゃくを起こしたときどうやって落ち着かせたらいいかわからない。自分のイライラをどうするか？イライラしない子育てをしたい。

・K・Iさん（３歳児）子どもが物事に取り組んでも、間違えたり、上手にできなかったりするとすぐに嫌になってあきらめてしまう。そのときについ怒りがちなので、もっと良い導き方を知りたかった。

・Y・Aさん（不明）／頑固な性格の娘に時々困って、怒るべきか？見守るべきか？と悩む瞬間がある。

・A・Mさん（３歳児）／仕事をして帰ってきたときに、子どもがなかなか言うことを聞かなかったり、親から見たらどうしてこんなことを?と思うような変なこだわりで必要以上に泣いたりすると、イライラしてわかってはいるが、ついちょっとたたいたり……と自己嫌悪に陥るようなことがしばしばあります。

間かけてすべての保護者に対して説明会を開きました。

そのことをどうこう言いたいのではありません。ただ、このときにヒステリックになっていた一部のお母さんに対して、「ひょっとしてこの人は、自分の子どもや夫、その他身近な人たちに、こんな態度で迫っているのではないだろうか？　子どもには親の個人的なストレスをぶつけないでほしいなあ……」と思いました。

と同時に、「実はこの人たちも被害者のひとりなのかもしれない……。家庭や仕事や社会で何かしらイライラが募って、こういったクレーム行動によって無意識にストレスのはけ口を見出しているのかもしれない」と感じました。

このことをきっかけに、保護者さんたちの気持ちをもっと深く理解する必要があると考えるようになりました。

今は子育てに関していろいろな情報が飛び交っているので、保護者さんたちはどの情報を信じていいのかよくわからなくなっていることが多いのではないかと思います。

「これでいいんだろうか？」

「私は本当に間違っていないのかしら？」

核家族化により、子育てについての悩みを身近な家族に相談することもできず、親はいつもそんな不安にさいなまれています。

また、ママ友などのコミュニティの交流も、村社会のような同調圧のストレスの原因になっていることが多いのではないでしょうか。

「ＬＩＮＥで情報がすぐにみんなに伝わって面倒だわ」

「あそこのお家は余裕があっていいわね。うちとはこんなに違う……」

「ほかのママ友と合わせていかないと、何か言われちゃうかも……」

などといった日々のストレスや不安が、子育てにも表れてしまいます。

実際、ある保護者さんに「幼稚園のママ友にＬＩＮＥのメンバーに入るように誘われたんですけど、入らないといけないんでしょうか？」と相談されたことがあります。

クレームをいうタイプの人はごく少数の決まった人ですが、その特徴は「こうしてほしい」と要望をいうのではなく、話を切り出すときから既に「なんでこんなことをするんですか⁉」という被害者スタンスになっています。

「うちの子はハウスダストアレルギーなのに、なんで外で遊ばせるんですか⁉」

「うちの子はアレルギーなのに、なんでロッカーがこんな低い位置にあるんですか⁉」

「うちの子は良い子だけど、あの子はたちは悪い子だから一緒の組にしないで！」

これらは実際に保護者さんから受けたことのあるクレームですが、自分の価値観でしかものごとを捉えられないと、その価値観に反するものを許せなくなってしまい、攻撃的な態度に出るのだと思います。

まさに「べきべきママ」や「べきべきパパ」のスタンスです。

カミングアウトしますが、かつて私が「べきべきパパ」だったとき、当時中学生の娘が高校生の年齢と偽って年上の夜遊びグループと遊んでいたことに腹を立て、その女子高生の家に行って、その母親に文句を言ったことがあります。

「うちの娘を幾つだと思っているんだ⁉　まだ中学生だぞ！　夜中に遊びの誘いに連れ出さないでくれませんか！」

今振り返れば、大変無礼な言い方をして申しわけなかったと思います。

しかし、「べきべきパパ」だった私は、自分の娘のことを棚に上げ、娘の友だちの女子高生を悪者にした挙句、娘が思い通りにならないイライラのストレスをその母親にぶつけていたのです。

「べきべきパパ」「べきべきママ」は、誰しもがこうした身勝手なクレーマーになる危険性があるといえます。

そうした親のイライラやストレスを解消し、親のステート（状態）を整えることで、安心して子育てできるようになるのでは――そんな思いから、私は「日本ペアレンティング協会」を立ち上げました。53ページで紹介した子育てママへのアンケートから得られたリアルな声が、協会のコンテンツのベースになっています。

## 親が幸せでないと、子どもも幸せになれない

「ペアレンティング」とは「親として子どもの世話をし、育てること」を意味します。

しかし、子どもの幸せを考えたとき、単に子どもの世話や育成だけでなく、「親も幸せになり、親子ともに成長できる営み」が必要になってきます。

子どもたちは、親を選べません。

子どもたちは、親を見て育ちます。

子どもたちは、親というフィルターを通して社会を見つめます。

もし、お父さんやお母さんが毎日笑顔で生き生きしていたら、子どもたちは社会や未来

に輝かしい希望を抱くでしょう。

逆に、親がイライラして、ストレスフルに暮らしていたら、どうでしょう?

「あんな大人にはなりたくないなぁ……」

きっと子どもたちは自分が成長して大人になることに夢を抱けず、未来を悲観的に考えるようになるでしょう。

親は「子どものしつけ」ばかりにカリカリする前に、まずがわが身を顧みて、自分自身の心を整えることが大切です。

「子どもを愛してやまないけど、子育てしているとどうしてもイライラしてしまう……」

「家族が大好きなのに、なんでいい関係性が築けないんだろう?」

そんなお父さんお母さんも多いのではないかと思います。「日本ペアレンティング協会」では、子育てに悩んでいる方や、より良い子育てをサポートしたい方に向けて、「親力」を磨くための「親の学び舎」として、定期的なセミナーを自園や都内を中心に開いています。

## 感情的に「怒る」のではなく「叱る」

「子どもが言うことをきかないと、つい怒ってしまう」

「子どもを怒った後に、はっとして落ち込んでしまう」

先ほどお話しした子育て中のお母さんのアンケートでは、「1歳半」と言う年齢を境に急激に自我が芽生え始めて、子どもがわがままを言い出すころからイライラのストレスを感じるようになり、それに対してつい怒ってしまったり、怒った後に自己嫌悪になったりするという答えが90％以上でした。

1970年代にアメリカで始まった「アンガーマネジメント」という心理教育では、イライラや怒りの感情と上手に付き合うための方法論を提唱しています。

アンガーマネジメントの考え方では、人間は誰しも怒りの感情を持つので、怒りを感じることを抑制する必要はありません。ただ、怒りを感じるとき、その根っこにはさまざまな原因があると考えられるので、まず自分の怒りの原因を理解することが大切です。

たとえば、子どもが言うことをきかないからと、お母さんが「いいかげんにしなさい！

バカ！」と声を荒げて怒ってしまったとします。

でも、実はそのお母さんは子どもに腹が立ったのではなく、前日に夫婦ゲンカをしたイライラが溜まっていて、子どもに怒ってしまったのかもしれません。

あるいは、お母さんの体調が悪くて早く休みたかったがために、ぐずる子どもをつい大声で怒鳴ってしまったのかもしれません。そうした自分自身の怒りを理解し、うまくコントロールしたり、ポジティブなものへ変換させることで、親子関係も変わります。

子どもに感情をぶつけて口汚く「怒る・詰め寄る」のはＮＧですが、子どもの身の危険にかかわるようなことについてはその場で理性的に「叱る」必要があります。

気をつけなければならないのは、「子どものためを思って」と言いつつ、親の思い通りに子どもが動かないことを非難するのは、「叱る」ではなく「怒る」だという点です。

大声でわめくだけが「怒る」ではなく、自分の思い通りにならないことにムッとして、何も言わずに鬼の形相で睨みつけたり、子どもをわざと無視したりするのも、感情をぶつけていることに変わりはないので、怒っているのと同じです。

特に良くないのは、子どもについ怒ってしまった後に、お母さんが「あぁ、またこの子に怒りをぶつけてしまった……」と自己嫌悪に陥ってしまうことです。

ペアレンティング講座に参加されたあるお母さんからも、「感情のまま子どもに怒鳴っては、夜な夜な子どもの寝顔に謝っていました……」という声が聞かれました。

そんな風に毎晩落ち込んでしまうほどなのに、つい怒ってしまうのは、常にイライラしているところに、怒りの発火スイッチが自動的に「カーッ」と入ってしまうからです。

怒りの発火スイッチは意識的に切らないと、同じことを繰り返してしまうだけです。

「カーッ」と怒りがこみ上げてきたら、深呼吸をしたりして意識的に怒りが落ち着くのを待つようにしましょう。

また、どんなに激しい怒りを覚えても、子どもに対して暴力を振るったり、暴言を吐いて傷つけたりしないことです。

さらに、もしつい子どもに怒鳴ってしまったとしても、親は自分を必要以上に責め過ぎないことです。

日本メンタルヘルス協会の衛藤信之さんは、「叱らない」のが良いことというわけではなく、親は「叱り方」を学びましょうと言っています。

何でも許して甘やかしていると、子どもは何も学べませんから。

親が感情にまかせて怒るのではなく、真剣に子どもに向き合って叱ると、子どもはそのことをきちんと受け留めて、自分から「ごめんなさい」と言います。

## 親が二重人格の子どもをつくっている⁉

おうちにいるときは、ママやパパのいうこと聞くとってもいい「良い子」。

でも、幼稚園に行ったとたん、友だちをガブッとかんだりする暴れん坊！

——ある幼児教育家の先生が、家と園でまったく別人のように性格が違う子どもが増えているると、おっしゃっていました。

子どもですから、たたいたり蹴ったりすることはあっても、人をかむような衝動的な暴力を抑えられないのは、その子の意識下に相当のストレスがある可能性があります。

実際、幼稚園ではやんちゃをしまくっているのに、お母さんが迎えに来たとたん、風船の空気がシューっと抜けてしぼんでいくように大人しくなる子がいます。

その子は母親に翌朝連れられてくるときは極めて従順な「良い子」ですが、母親の姿が見えなくなったとたん、ジキル博士とハイド氏のごとく再び暴れん坊に豹変します。

第6章でも触れますが、女性の社会進出が進み、共働きの家庭が増えているため、朝から夜7時頃まで親子以外のほとんどの時間を、幼稚園や保育園で過ごす子どもが増えています。そのため、幼稚園がホームに、家がアウェイに逆転してしまうのです。

家に帰っても、仕事で疲れてイライラしている親に怒られるのが怖いので、子どもは親の前では「良い子」の仮面をかぶっておしくしています。

でもその分、保育園や幼稚園で思いっきり暴れてストレス発散をするのです。最近では保育所の先生には馴れているのに、「親に馴れない子が増えてきている」といった現象も出始めています。

家では内向的で大人しく、外で外交的な子を「外弁慶」といいますが、逆に家ではやんちゃだけど、幼稚園では「良い子」の仮面をかぶる「内弁慶」の子もいます。

そうした子は、先生や周囲にほめられたいがために「良い子」ぶって、自己承認の欲求を満たそうとしているといえます。

ほめ育てを全面否定するつもりはありませんが、親が「良い子ね」とほめることで、「良い子でいたら、あなたを愛してあげますよ」という縛りをかけている場合もあります。

ほめられるという「ごほうび」に支配されている子どもは、鼻面にニンジンのごほうびをぶら下げないと走らない馬のように、ほめ言葉のごほうびがないと動けない子になってしまいます。

たとえば、先生にほめられるために靴をそろえるような子は、先生が見ていないところでは、ほめ言葉のごほうびがもらえないので、靴をそろえようとしません。

第1章で「態度教育」の話をしましたが、自分の脱いだ靴をきちんと整えるのは、自分で自分を律する行為であって、誰かにほめられるためにするのでは意味がありません。

「親に怒られたくないから」とか「他人にほめられたいから」というメンタリティで、内と外で「良い子」を演じ分けてしまうのは、そもそもその子にとって、自分の家が安全地帯ではないことを意味します。

安心・安全の欲求や、所属と愛の欲求、自己承認の欲求が満たされていない表れです。

安心・安全の欲求や所属と愛の欲求、自己承認の欲求とは、アメリカの心理学者マズローが唱えた「マズローの自己実現理論」に基づいた分け方です。マズローの自己実現理論では、人間の基本的欲求は、下から順に5段階のピラミッド状になっています。

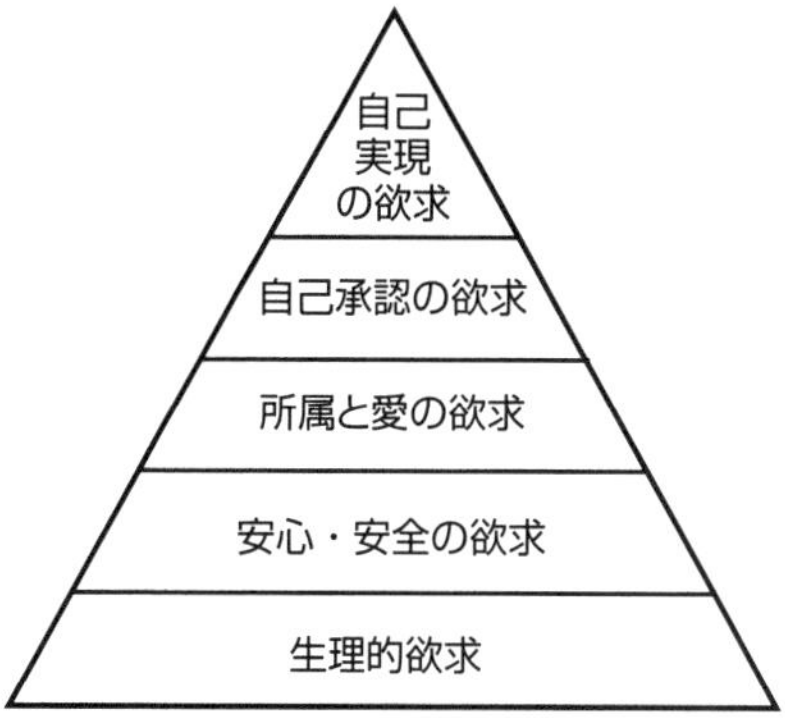


1　生理的欲求
2　安心・安全の欲求
3　所属と愛の欲求
4　自己承認の欲求
5　自己実現の欲求

人として当たり前の欲求が脅かされるのは、子どもにはとてもつらいことです。

「自分はこの家で安心して生きていける」
「自分は家族の一員として親に愛されている」
「自分は親にひとりの人間としてちゃんと認められている」

子どもがそう思える基盤が整っていないから、子どもが「良い子」を演じ分けるようになってしまうのではないでしょうか。

## 良い子を演じ続けると「良い子症候群」に

親のイライラにおびえて、「良い子」を演じたまま大人になることを「良い子症候群」と言います。良い子症候群は、常に親の目を気にして育ってきたので、自分に自信がなく、何ごとも他者基準で考えます。

そのため、「良い子」をアピールして、他者に自分を認めてもらうことで、自分を必死に保とうとします。

たとえばフェイスブックなどで、毎日毎日「今日も1日ハッピーにがんばりましょう！

(^○^)」などと奇妙なほどポジティブな投稿ばかりしている人がいますよね。

あれは、「いいね」をたくさんもらうことで、自己承認欲求を満たしたいという気持ちの表れではないかと思います。それで本人が心から幸せであれば、何の問題もありません。

ただ、常に他者に認めてもらうことばかり考えている人は、自分自身の中で本当に幸せを実感するのが難しいのではないでしょうか?

「良い子症候群」は、最近、若い人に増えている「新型うつ」とも関係があるそうです。

新型うつは、上司がささいなことを注意しただけでも自分の存在価値を否定されたように過敏に反応してうつ状態になったり、逆ギレしたりする傾向があると言われています。

他者基準で生きている「良い子症候群」には、社会生活を営む上でさまざまな弊害があります。お父さんお母さんは、自分でも知らないうちに子どもを「良い子症候群」の予備軍にしていないか、よく考えてみる必要があります。

## いじめっ子は親にいじめられている!?

「いじめっ子」も、子どもの二重人格の表れのひとつといえます。

家庭全体が不安定で、親が絶えずイライラしていて、少しでも親の気に入らないことをするとガミガミ怒られている子どもは、そのフラストレーションのはけ口を外に向け、結果的に「いじめっ子」になってしまう場合がよくあります。

「うちは誰よりも子どもを愛しているからこそ、ビシッ!としつけているだけです」

というお父さんお母さんもいるかもしれませんね。

子どもが親に厳しく叱られても、「ママ、もうわかったよ!」と子どもが親に言い返せるぐらいの余地があればかまいません。

しかし、子どもが親に押さえつけられてまったく歯向かえず、そのうっぷんを弱いものいじめによって発散しているとしたら、それは「しつけ」ではなく、親の「いじめ」になっているといえます。

実際、親が子どもに「バカヤロウ！　もたもたすんな！」などと罵声を浴びせて頭をたたきつけたりしているのをたまに見かけますが、その子も親のいないところで、同じようにほかの子に乱暴な口をきいたり、たたいたりしています。

園の子どもたちを見ていると、その親が普段どのような言動を子どもたちに見せているのかが、一目でわかってしまいます。

まさに子どもは、親の育て方をリアルに映し出す鏡といえます。

## 娘がいじめに遭って気づいたこと

「いじめっ子」だけでなく、「いじめられっ子」もまた、家庭が不安定で、夫婦や親子のステートが整っていないことがよくあります。

そういう子は、いじめられても「やめてよ！　何でこんなひどいことするの？」とはねつけて回避する能力がなく、結果、人間不信になって引きこもってしまったりするのです。

実は、私の娘もかつていじめを受けていました。

かつて、私がまだ「べきべきパパ」だった時代のことです。

小学生のときにチアダンスの世界大会で優勝した娘は、中学に上がって、チアダンス部に入ったものの、先輩たちに「いい気になるな」と、敵対視されてしまったのです。

まさに、「出る杭は打たれる」です。

しかし、気の強い娘はいじめられてメソメソ泣き寝入りするどころか、逆に「ふざけんじゃねーよ！」と反発し、陰湿ないじめを気丈にはねつけました。

すると、SNSで一斉に娘の悪口が拡散されていじめがもっとひどくなり、とうとう娘は不登校になってしまったのです。

「何で学校に行かないんだ⁉」

べきべきパパだった私は、娘を頭ごなしに怒りながらも、娘に学校に行ってほしいという思いで、仕事場とは逆方向の電車に毎日乗って娘を学校の正門まで送り届けてから、仕事に向かっていました。

身長181cm、体重85kgの巨大なパパに対して娘は文句を言えず、母親に「何であたしを生んだんだ!?」という言葉を吐くほど荒んでしまいました。

私も若いころは随分とやんちゃばかりしていましたが、ついこの前まで笑顔いっぱいで幼稚園に通っていた娘が、中学校にも行かず、髪を金髪に染めて親に暴言を吐くようになってしまうと、さすがに途方に暮れました。

「いったいどうすれば、この娘と真摯に向き合うことができるんだろう?」

そう思い悩んだことが、心理学やコーチング、NLPを学ぶきっかけになりました。

そうした学びによって、自分がいかに親の勝手な理屈を娘に押しつけていたかということを思い知り、私は次第に「べきべきパパ」ではなくなっていきました。

今は娘も荒んだ生活を改め、学校に通うようになり、将来の夢を楽しそうに語ってくれるようになりました。

かつては「何であたしを生んだんだ!」と悪態をついていた母親に対しても、「私を生んで、育ててくれてありがとう」と言うようになりました。

私も娘に対して「愛してるよ。生まれてきてくれてありがとう」を言い続けています。

娘が荒れた数年間は、心底悩み抜きましたが、それによってたくさんの大切なことに気づかされました。自分の身に起きたことは、すべて自分に必要な「ギフト」だったのだと思っています。

「幸せになろうとして、富を求めたのに
賢明であるようにと、貧困を授かった。
世の人々の称賛を得ようとして、成功を求めたのに、
得意にならないようにと、失敗を授かった。
求めたものはひとつとして与えられなかったが
願いはすべて聞き届けられた。私は最も豊かに祝福されたのだ」

これは『無名の南軍兵士の詩』の一部抜粋です。私はこの詩がとても好きです。
自分の人生に困難が生じたときは、自分の願いを叶えるために求めているものが違っていたということです。
困難が生じなければ、立ち止まって気づけないわけですから、困難は人生を乗り越えて

いくために必要なギフトなのです。

子育てで問題が生じても、「これは自分にとって必要なギフトなんだ」と思えたら素晴らしいことですし、きっと乗り越えていけると思います。

## 心理学やコーチング、NLPを子どもの育成に活かす

私が娘と向き合うために身につけた心理学やコーチング、NLPの学びは、めぐりめぐって教育活動家として活動する独自の「SEiRYOメソッド」の基盤となりました。

コーチというと、スポーツチームのコーチのような指導者だと思っている人がいますが、コーチングの世界でいうコーチとは、本来は相手と「対等」な存在です。

これを子育てに活用する場合、子どもが目指すゴールに向かって、並走しながら応援するのがコーチたる親の役割であって、「ここに行きなさい」とレールを敷いて上から目線で子どもを指導する役割ではありません。

親が子どもの無限の可能性を信じ、子どものやる気や、眠っている能力（潜在的能力）

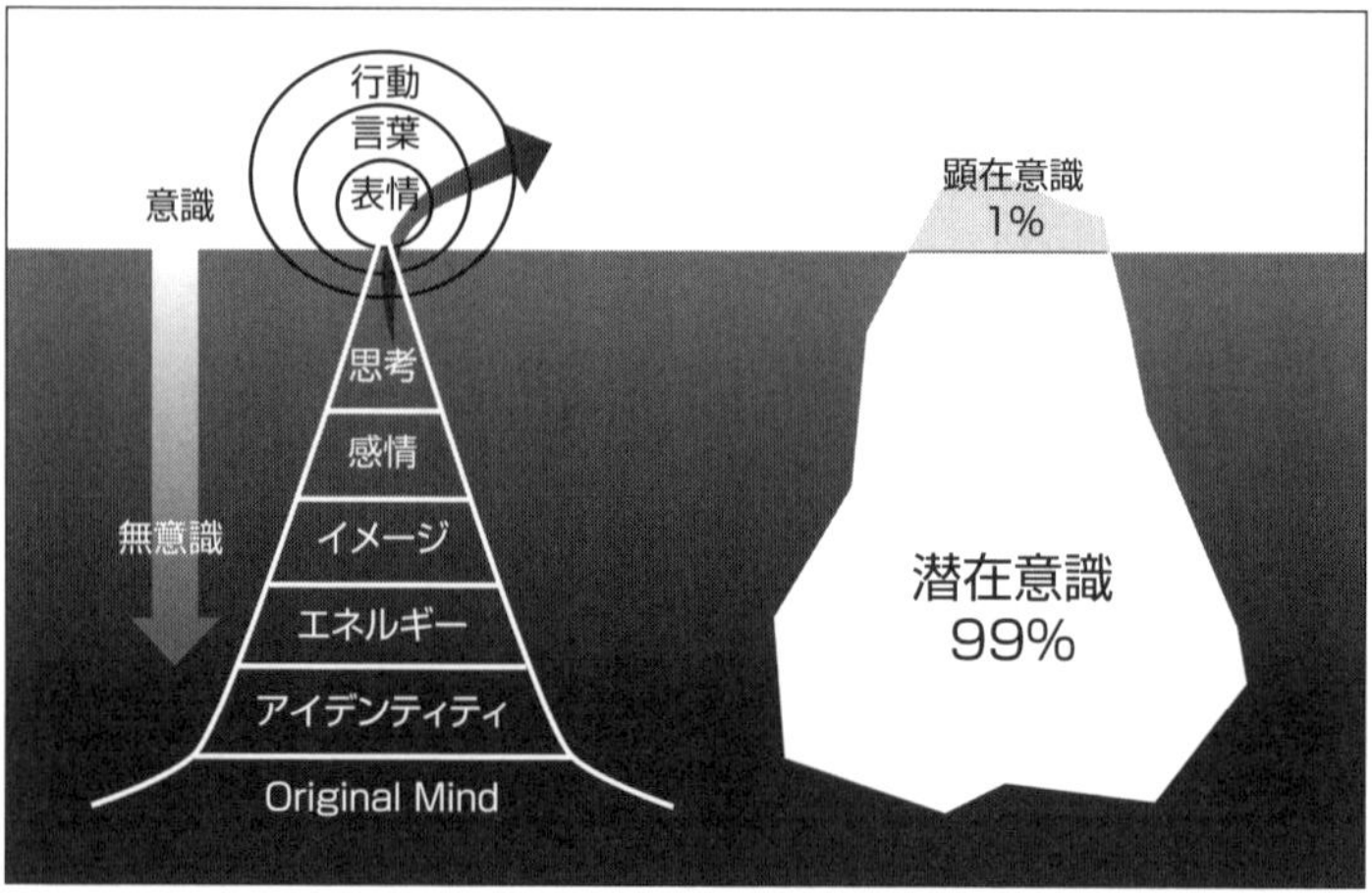


| | | | | |
|---|---|---|---|---|
| 意識 | 言葉 | 思考 | 見える | 頭 |
| 無意識 | 体験 | 感覚 | 見えない | 身体 |

を引き出せば、子どもは着実に目標を達成することができます。

親がコーチング的なアプローチをすることで、きっと子どもたちに対する向き合い方が変わるはずです。

私も娘を信じ、娘の心に寄り添い、温かく見守りながら対話する、コーチング的な接し方を続けた結果、反抗的だった娘が心を開くようになり、親への反抗心が感謝へと変化しました。

私がコーチングのほかに学んだ「NLP」（神経言語学的プログラミング：Neuro-Linguistic Programming）は、心理学の一種で、セラピー（心理療法）をはじめ、教育、医療、ビジネス、スポーツなどの分野で幅広く活用されています。

ＮＬＰは「脳の取り扱い説明書」ともいわれており、親子をはじめとする人間関係の構築や修復、思考や感情のコントロール、さまざまな問題解決や目標達成などに役立つコミュニケーションスキルです。

また、アメリカで生まれたＰＢＬ（Project Based Learning）という「自律学習の育成」を目標とする教育手法を取り入れている学校も増えていますが、ＰＢＬでは先生のことを「アドバイザー」と呼んでいます。先生は子どもの自律性を信じ、教えるのではなく、アドバイスをするというスタンスなのです。

子どもが6歳までは、親が基本的なことを教えるティーチングが重要ですが、7歳以降は親がコーチやアドバイザー（ファシリテーター）的な立ち位置で、子どもの自発性を促す方向にシフトしていくのが、よりよい教育スタイルだと思います。

## ママとパパが整うと、子どもの心が整う

「こんなに言ってるのに、なんで私の言うこと聞いてくれないのよ⁉」

「文句ばっかり言うなよ。お前こそオレの言うこと聞けよ！」

親子間だけでなく夫婦間でも、互いが別個の人格や個性を持った人間であることを認めていれば、こんな風に互いに自分の考えを押しつけあって衝突することもないと思います。

「オレはこう思うんだけど、君はどう思う？」

「あなたはそう考えるのね。私は意外とこうじゃないかという気がするわ」

パートナーにも子どもにも、それぞれの感覚や見解があります。

自分の意見と違っても、頭ごなしに否定せず、相手の言葉をまずは一旦受け留めることが大切です。

よく「家族一体となって」などといいますが、同じ家に住んでいる家族であっても、別の人間同士なので、それぞれ違って当たり前です。

家族といえども自分の一部や所有物ではないのですから、決して自分の思うように操ることはできないのです。

心理学の世界では「一体感」と「離別感」という言葉を使います。家族や仲間で力を合わせて「一体感」を共有することも必要ですが、基本的には別個の人間の集合であることを認識する「離別感」を忘れないことです。

6章でも詳しく触れますが、今の日本では3組に1組が離婚しているといわれるほど離婚率が上がり、シングルマザーの数も過去10年で倍増しています。アメリカでは1／2に減少しているのとは対照的です。

離婚にはさまざまな事情があるでしょう。

ただ、夫婦が互いに「離別感」を認識していたら、もっと相手を尊重できて、離婚にまで至らなかった人たちもいるのではないかと思います。

夫婦間のコミュニケーションがうまくいかずに心が離れていくのは、互いに共通する話題がないのが原因になっている場合もあります。また、メンズマインドやレディースマインドといわれるような、男女の基本的な違いも無視できません。

「今日、ゆうちゃんのママと、幼稚園の先生のことを話していたんだけど、どう思う？」

「うーん？　先生のこととか知らないし。そもそもゆうちゃんて誰だかわからないよ。それより今日会社でさあ」

「あなたの会社の人のことだって、私全然知らないわよっ」

こんな会話になっていませんか？　夫婦のコミュニケーションがぎくしゃくして家庭内で絶えず不協和音を奏でていると、子どもは家庭内の不穏な「気」を敏感に察知します。

そして、イライラと不機嫌そうなパパとママを、下手に刺激してしまわないように、黙って大人しく「良い子」の仮面をかぶります。

でも、本当は子どもの心の中は不安で、いっぱいいっぱいになっているのです。

こうした状況が続くのは、子どもにとって非常にストレスフルですし、親が思っている以上に子どもの心に大きな傷を与えます。

「愛する」の反対は何だと思いますか？　そう！「無関心」なのです。この言葉を言ったのはマザー・テレサですが、まずはお父さんとお母さんが互いのことにもっと関心を持つことが大切です。

私は、その一助になればと考え、「ペアレンティング講座」とは別に、パパを対象とした「パパカフェ（パパの会）」を学園内に設定しました。

通常、ママ友同士の交流はあっても、パパ友同士の交流というのはあまり聞いたことがありませんよね？

「パパカフェ」は、お父さんたちにも幼稚園やママ、子どもたちのコミュニティのことにもっと興味を持ってもらうための活動です。

「パパカフェ」を通して自分の子どもが通っている幼稚園のことや、それぞれの家庭のことをリアルに知ることができれば、それが夫婦間のコミュニケーションに役立って、夫婦も、子どもも、家族も整うのではないかと思うのです。

ママが整うと、パパが整う。
ママとパパが整うと、子どもの心が整う。
子どもの心が整うと、家族が整う。
家族が整うと、社会が整う。
社会が整うと、世界が平和になる。

――これが私の持論（ＳＥｉＲＹＯメソッド）です。20年後、30年後、子どもたちの幸福な未来を願うなら、まずママとパパが整うことで、こうすると、すべての「調和」が生まれるのではないでしょうか。

「世界平和のために何をしたらいいですか？」
ノーベル平和賞を受賞したマザー・テレサはそう質問されて、こう答えたそうです。

「帰って、家族を大切にしてあげてください」

そう、まずは家族を整えることから始めましょう。

## 魔法の子育てABC

あなたは子どもが何歳になるまで「保護者」である必要があると思いますか？

私がパパやママにそんな質問をすると、いろいろなご意見が返ってきます。

「高校を卒業する18までかしら？」

「やっぱり成人を迎える20歳までは、一応保護者なんじゃないの？」

高校でも「保護者会」がありますから、子どもが20歳近くになるまでは自分は保護者であると考えている方が多いようです。

しかし、日本ペアレンティング協会では「保護者」として子どもと向き合うのは「6歳まで」で、7歳からは「親」として、そしてひとりの「人」として接することが大切だと考えています。

6歳というのは、幼稚園から小学校に上がるちょうど境目の年齢です。6歳まではまだ無分別なので、親は子どもの命を守るべく保護してあげる必要があります。

しかし、小学校に上がるころからは分別がついてくるので、「保護」ではなく、ひとりの人として「尊重」してあげることが大切です。

「天使みたいにかわいい！」

赤ちゃんのときはそういって溺愛していても、ハイハイが始まり、ドタバタ走り回れるようになってくると、「これは悪魔の仕業か⁉（笑）」とびっくりするようないたずらをしでかすようになってきます。

しかし、そんな悪魔の仕業のようないたずらも、実は子どもの心身の発達過程でいろいろなものに興味を持つようになっているがゆえの行動です。

「こらあっ！」と親が鬼の形相で怒鳴っても、子どもは単に恐怖感を覚えるだけです。

まして、「バカヤロウ！」などと口汚い言葉で子どもを罵倒するのは、殴ったり蹴ったりして虐待するのと同じくらいひどい言葉の暴力だと思います。

第6章で詳しく述べますが、言葉の暴力は、厚生労働省が定める児童虐待の定義のひとつ「心理的虐待」に該当します。

注意を喚起する「叱る」と、子どもに感情を暴力的にぶつける「怒る」は違います。
6歳までの子育てのコツは、まず「保護者」の自覚を持ち、ありのままの子どもを受け入れることです。

「生まれてきてくれてありがとう♡」

子どもにそう言いましょう。子どもが「おぎゃ～」と生まれてきたときの喜びを思い出してみてください。「生まれてきてくれてありがとう」って思いましたよね⁉ かけがえのない命を授かったことにまず感謝しましょう。

それが、子どもを受け入れるということです。

そして、子どもの可能性を信じて、温かい目で見守ってあげましょう。

さらに、子どもの個性や自発性を大事にしてあげましょう。

「SE・iRYOメソッド」では、これを「6歳までの子育て魔法のABC」と呼んでいます。

**A**ccept（アクセプト）＝受け入れる。

**B**elieve（ビリーブ）＝信じる。

**C**herish（チェリッシュ）＝大事にする。

この魔法のＡＢＣを心がけていると、ガミガミ頭ごなしに怒りつけなくても、子育てはもっとスムーズになるはずです。

どんなに親が子どもに怒っても、本当の意味で「人が人を変えること」はできません。大人も子どもも、「人が変えられるのは、自分自身だけ」です。

「子どもを変えたい」と思ったら、まず「親自身が変わる」必要があります。

子育て中にイラッとしたり、カーッとすることがあったら、ぜひこの「6歳までの子育て魔法のＡＢＣ」を思い出して、実践してみてください。

# 第3章

# 「天才児」が育つ7つの習慣

# 子どもはみんな「天才」の卵

「天才」というと、あなたはどんな人を想像しますか？

芸術の天才ピカソ？

科学の天才アインシュタイン？

作曲の天才ベートーベン？

サッカーの天才クリスティアーノ・ロナウド？

野球の天才イチロー？

「天才って、生まれつき才能に恵まれている人のことでしょ」

「天才って、普通の人とはレベルの違う特別な能力を持っている人でしょ」

もしそうだとしたら、子どもはみんな「天才」の卵です。

なぜなら、今、目に見えている能力がすべてではないからです。

脳科学では、人間は自分の持てる能力の3～10％ほどしか使っていないといわれています。

心理学では、ユングやフロイトが、人が普段使っている顕在意識は「氷山の一角」に過ぎず、90％以上の潜在意識は使われていないと説明しています。

私たちの中には、未知数の潜在的な能力が秘められているのです。

今は特に才能のない平凡な子どもに見えても、とんでもない天才に化ける可能性があるのです。


「宇宙にインパクトを与える」

これはアップル社の創始者スティーブ・ジョブズの言葉です。

私が思う「天才」とは、まさにジョブズのように「宇宙にインパクトを与える」ほど突き抜けた発想ができる人間です。

カリスマのジョブズには人間性に問題があったという指摘もありますが、私は彼のような人間になることを推奨しているわけではありません。

私が彼をリスペクトするのは、世界中に画期的なイノベーションを起こした、突き抜けた発想力や情熱、実行力に敬服するからです。

たとえばあなたが使っているスマートホンも、そんなイノベーションのひとつです。

アップル社からスマホの先駆けである「ｉＰｈｏｎｅ」が登場したのが２００７年。

指で画面にタッチするだけで自由に操作できる快適なインターフェイスや、手のひらの上でパソコンを気軽に使うような軽快性を持ったｉＰｈｏｎｅが市場に登場すると、世界中の人々のライフスタイルは一変しました。

カフェでお茶しながら、公園を散歩しながら、スマホで写真を撮ったり、音楽を聴いたり、メールをチェックしたり、ＳＮＳで友人に応援メッセージを送ったり、ニュース速報を見たり、ネットショッピングをしたり、株価をチェックしたり……。

今まで家庭や会社に縛られ、行動を制約されていたのが、スマホひとつで世界のあらゆる情報に、いつでも、どこでも、誰でもアクセスできるようになり、世界中の人たちが大きな自由を手に入れました。

ジョブズが世の中に送り出したのは、単なるＩＴ商品ではなく、人々のライフスタイルにカルチャーショックを与える存在でした。

そうした突き抜けたものを生み出す発想は、常識的なものからはみ出すことをよしとしない「良い子」からは生まれません。

今の時代は何かアクションを起こす際、まずマーケティング調査をして市場のニーズに迎合しようとする傾向がありますが、ジョブズは「１００人いたら、１００人が欲しがるもの」を目指し、マーケティングに安易に頼りませんでした。

世の中の顔色ばかりうかがっていては、今までにないまったく未知のものを生み出すことができませんから。

これから世界に出ていく子どもたちにも、親の顔色ばかり見て、親がつくった地図を歩むのではなく、自分が興味を持ったことをどんどん探究し、それを現実にプレゼンテーションしていく「ミッション×アクション×パッション＝ＭＡＰ」の力が必要です。

子どものポテンシャルを引き出すなら、子どもたちの白い地図に親が勝手にアウトラインを描いたりせず、子どもの未知数の可能性を信じて見守ることが大切です。

## 天性の知能や才能は成功と関係ない？

「ＩＱや偏差値が高いほうが、いい学校やいい会社に行けて勝ち組になれる」

「学歴が高いほうが、人生で成功する可能性が高くなる」

そう思っているお父さんお母さんも多いと思います。

実際のところ、ＩＱ（知能指数）や学歴が高いと、本当に人生の成功者になる可能性が高くなるのでしょうか？

教育現場では、ＩＱは人の知的能力を推し測る目安のひとつになっています。

しかし、アメリカの心理学者アンジェラ・リー・ダックワース博士は、「人生で成功するために必要な能力は、ＩＱテストでは測れないものの中にこそある」と提言をしてます。

かつてニューヨークの公立学校で数学を教えていたアンジェラ博士は、子どもたちの宿題を採点していた際、テストの成績とＩＱの数値は必ずしも一致しないことに気づきました。ＩＱはそれほど高くないのに、テストで上位の成績をとる子どもがいた一方、ＩＱはかなり高いのに、テストではいい点数が取れない子もいたのです。

その経験から、彼女はＩＱの高低だけで子どもの可能性を決めつけることはできないのではないかと考え、そのことを研究しようと心理学の道に進みました。

アンジェラ博士は教育やビジネスのさまざまな現場で、単に成績のよしあしだけでなく、いかに過酷な状況にあっても脱落せず、最後まで勝ち残っていけるかといったことを綿密に調査しました。

すると、結果を出して生き残っていける成功者には、「グリット」というひとつの共通点があることが明らかになりました。

その共通点は、ＩＱの高さでも、学歴の高さでも、見た目のよさでも、身体能力の高さでも、両親の所得の多さでもありませんでした。

「グリット」とは、ものごとをじっくりと粘り強く最後までやり遂げる力です。

アンジェラ博士はグリットについてこんな風に語っています。

「生まれつき素晴らしい才能や知能を持っているにもかかわらず、その人の能力に見合った結果が出せない人はたくさんいます。なぜなら、生まれながらの才能や知能は、ものごとを最後までやり遂げる力＝グリットと比例するわけではないからです。

いい結果を出せないのは、自分の才能や知能を伸ばすための長期的かつ継続的な努力が足りなかっただけなのです」

つまり、どんなに天賦の才に恵まれていても、努力をし続けなければ、せっかくの才能や知能も宝の持ち腐れになるということです。

いい結果を出したければ、来る日も来る日も情熱を失わず、努力するしかありません。

夢中になって励み、最後まで粘り強くやり遂げてはじめて、その人の夢や目標が現実のものとなるのです。

スタンフォード大学のキャロル・ドゥエック博士は、グリットの考え方を発展させた「グロースマインドセット」という考え方を提唱しています。

「知能は生まれつきの固定されたものではなく、努力と挑戦によっていくらでも伸ばすことができる」——それがキャロル博士のマインドセットの基本概念です。

博士は、子どもたちにこのことをしっかり理解させた後に、難しい問題を解かせました。すると、子どもたちは失敗することを恐れず、自ら進んで難しい問題にチャレンジしたそうです。

「私は頭が良いわけではない。人よりも長い時間、問題と向き合うようにしているだけ」

「天才とは、努力する凡才のこと」

——これはアインシュタイン博士の言葉です。「天才は1％のひらめきと99％の汗」といったエジソン同様、天才とはグリットを持っている人であることがよくわかりますね。

子どもを成功者にしたいなら、ＩＱや偏差値を気にするのではなく、「才能より努力と挑戦が大切」というシンプルな事実を伝えることが大切です。

余談ながら、私は幼稚園児のときにＩＱテストで１６０を獲って、「いぬかい家に天才児が生まれた！」と、みなに将来を期待されていました。

しかし、調子に乗って勉強を全くしなかった結果、中学時代には偏差値が45にまで急落してしまいました。

「このひどい内申と成績、しかもそのおかしな髪型や格好じゃ、お前が行ける学校なんて、どこにもないぞ！」と、担任の先生にも呆れられるようなありさまになってしまったのです。

そこから約半年間、私はベッドに画びょうを置いて寝れなくするほどに奮起して猛勉強し、偏差値を70にまで上げて千葉県随一の進学校に合格しました。

しかし、東大一直線のようなクラスメイトたちを尻目に、サッカーやバイクやバンド活動に興じ、無期停学2回で出席日数が足りず、4年間かけて何とか高校を卒業して入った大学も4年目に中退しました。

決して言い訳や負け惜しみではなく、一流大学を出てエリートになるという人生に、どうしても情熱を持てなかったのです。そんな生き方を選んでも、自分が心から幸せを実感できるとは、どうしても思えなかったのです。

私の破天荒な半生についてはあとがきでも触れますが、ＩＱも偏差値も学歴も、何ら自分の人生を決定するものではないということは、私自身が身を持ってよく知っています。

天才とは、そうした数値や学歴だけで測れるものではないのだと思います。

さて、それでは天才児が育つためには、どのような習慣づけが必要か、以下に7つの方法をご紹介します。

## 天才児が育つ習慣1　あきらめない心を育てる

「ママ、ぼくもうできなーい」と、何をしてもすぐに親に甘えてあきらめてしまう子ども。

「ママ、ぼく自分でやるから」と、うまくいかなくても親に依存せず、自力でなんとかしようとがんばる子ども。

この違いはどこにあるのでしょうか？

何かをやってみて上手くいかないとき、親がすぐに手出しをすると、自力でやり遂げようとしないあきらめの早い子どもになります。

失敗するとすぐにあきらめてしまう子は、「乗り越える」といった成功経験がないので、自分に自信が持てません。

一方、子どもが失敗しても親が辛抱強く見守り、最後まで子ども自身にやり遂げさせるようにすると、できるまであきらめない子になります。

やり遂げた成功体験のある子は、「やればできる！」という自信が持てます。


「失敗したところでやめてしまうから、失敗になる。

成功するところまで続ければ、それが成功になる」

――これは松下幸之助さんの名言です。

まさに、失敗を失敗で終わらせないことが成功の秘訣だと思います。

しかし、今の日本の社会は、失敗に対してとても不寛容で、失敗した人に対して、いじめのようにどこまでも執拗にたたき続ける風潮があります。

テレビをはじめマスメディアには、そんなネガティブな言葉の暴力が氾濫しています。

特に日本は、先進国の中でも断トツにマスメディアの情報からの影響を受けやすい傾向があります。

世界80カ国以上が参加している国際的プロジェクト「世界価値観調査」（２０１０年〜

２０１４年）によると、日本は新聞・雑誌・テレビの情報を信じる割合が7割以上なのに対して、アメリカは約８割がマスメディアの情報を信頼していないという結果が出ています。

そんな日本のマスメディアの影響もあり、誰もが失敗をしてたたかれないように警戒し、自ら進んで挑戦するリスクを避けようと及び腰になります。

けれど、人生は平坦な道だけではありません。目の前に山や谷が現れたとき、通過する自信がないからといって、そこで足踏みしていると、永遠にそこから先へは進めませんよね。

何も挑戦しない人は、失敗もしないかもしれませんが、成功もしません。

いつまで経っても課題を乗り越えられず、それ以上成長できません。

失敗しつつも課題を乗り越えた経験がない人は、失敗の痛みも、失敗を克服することで得られる学びの素晴らしさも理解できません。

だから、他人の失敗をあざ笑ったり、バカにしたりして人を傷つけ、自分より見下げることで、挑戦できない臆病な自分に言い訳をするのです。

失敗を恐れる人は、言い訳の天才といえるでしょう。

しかし、人間は誰しも成長していく過程でいろいろな壁に直面します。

ときには大失敗をして、手痛い目に遭うことだってあるでしょう。

でも、その失敗経験のひとつひとつが、成長のためのかけがえのない「糧」となります。

親が子どもを失敗させまいと、子どもに口出しや手出しをすることは、結果的にそうしたかけがえのない成長のチャンスを奪い去っていることになります。

私自身、今でも毎日成長していると思っています。

なぜなら、今でも日々学んでいるからです。

人は幾つになっても、学ぶことで成長し続けることができるのです。


あなたは学びをいつまで続けられますか？


「失敗は最大のチャンス」――成功者は口をそろえてそう言います。

まさに、失敗をするからこそ、そこから学んで次なるステップを踏めるのです。

失敗を経験すれば、次はどうしたら失敗しないようにできるのかを見出せます。

イチロー選手しかり、錦織圭選手しかり、羽生結弦選手しかり、内村航平選手しかり、

「天才」といわれるトップアスリートは、人一倍努力をして、失敗しても失敗しても、く

じけずにまた果敢に挑戦しています。

生まれながらの天才だからものすごい結果を出せるのではありません。人並み外れた努力を積み重ねて、何度も失敗を乗り越えているからこそ、天才的な結果を出せるのだと思います。

教科書を見たり、講習を受けたりして、「なるほどわかった！」と思っても、実際にやってみたら、失敗する場合がほとんどです。

もし頭でわかっただけで、何でもすぐにマスターできるなら、誰でも簡単にプロになれることになります。

失敗から学び、失敗しながらも繰り返し努力し続ける姿勢が、「わかった」を「できる！」に変えてくれます。

失敗を恐れず、失敗から多くのことを学ぼうとする子どもは、必ず伸びます。

失敗を乗り越えた経験のある子どもには、転んでも自力で立ち上がる芯の強さが備わっています。

子どもを成功させたかったら、「失敗しないように……」と手出しするのではなく、たくさん挑戦させ、たくさん失敗させることです。

子どもに挑戦させるには、まず大人がロールモデルになる必要があります。七転び八起きで奮闘している大人の姿を見れば、子どもたちはそこから自然に学び取っていくはずです。

## 天才児が育つ習慣2 「どうせムリ」の呪いを解く

「どうせムリ」

この言葉が口グセになっている人はいませんか?

多くの人が何気なく使っている言葉ですが、たった5文字のこのフレーズには恐ろしい破壊力があります。

「どうせムリ」という言葉が、多くの人から自信や可能性を奪っていると訴え、世界中の人たちの心を動かした人がいます。

北海道にある民間の町工場で、『下町ロケット』さながらの宇宙開発に挑み続けている植松電機の専務取締役、植松努さんです。

植松さんが2014年に『TEDxSapporo』に登場して、挑戦することを否定する残酷さと、挑戦し続けることの素晴らしさを、せつせつと語ったスピーチは、胸に迫るものがありました。

彼は幼いころ、大好きなお祖父ちゃんと一緒にアポロ月面着陸の様子をテレビで観て感激し、それ以来ずっと宇宙に夢を馳せてきました。

しかし彼は小学生のとき、担任の先生に「お前なんかにできるわけがない。どうせムリ」とさんざん言われ続け、「どうせムリ」という言葉は、「人間の自信と可能性を奪ってしまう最悪の恐ろしい言葉」だと悟りました。

植松さんは中学生になり、飛行機やロケットの仕事をすることが夢だと語ると、教師にまた心ないことをいわれます。

「夢みたいなことをいってないで、勉強しろ。宇宙なんてよほど頭がよくないとムリ。すごくお金もかかる別世界の話。お前なんかにできるわけがない」と。

植松さんはうちひしがれながら思いました。

「できそうな夢しか見ちゃダメなの？　今できないことを追いかけるのが夢って言うんじゃないの？　やってみなきゃわかんないはずなのに、やったこともない人が決めるのは変じゃないか。やったことがない人の、やらない言い訳だ」

そして彼は「どうせムリ」という言葉をなくそうと決意します。

「僕たちは何かをしてもらうためや、あきらめるために生まれてきたんじゃない。ぶっつけ本番だから失敗して当たり前。失敗はよりよくするためのデータだと思って乗り越えよう。できない理由を探すのではなく、できる理由を考えよう。ただそれだけで、世界はあっという間によくなる」

植松さんのお母さんは、彼が中学時代に「思うが招く」という言葉を教えてくれたそうです。彼はその言葉通り宇宙開発の夢を思い続け、その夢を自分のもとに招き入れました。

そして、自信と可能性を奪う全否定の呪文「どうせムリ」に対して、植松さんはどんな夢も叶う魔法の言葉を見つけました。

「お互いに夢を喋って、『だったら、こうしてみたら』といい合っていたら、全員の夢が叶う。『だったら、こうしてみたら』が世界中で流行ったらいいな。そうしたら『どうせムリ』がなくなるだろうな」

植松さんの提言は、子育てにもいえることです。

「どうせムリ」は、「できるはずがない」という、子どもの未来の扉をすべて閉ざす呪いの言葉です。呪いの言葉を発した親自身も、その呪いにかかってしまいます。

「だったら、こうしてみたら」は、「できないはずがない」という、子どもの未来の扉を開く素晴らしいマジックワードです。

お父さんやお母さんが普段何気なく使っている言葉の中にも、ひょっとしたら子どもを絶望させる呪文がまぎれ込んでいるかもしれません。

子どもを希望に導き、「できる」を引き出す魔法の言葉を口ぐせにしましょう。

## 天才児が育つ習慣3 「イヤイヤ」ではなく「ワクワク」スイッチをON!

ある村に、A君という旅人がやってきました。

A君はその村にいた白髪の長老に質問をしました。

「僕は自分の住んでいる村が大嫌いだったんだ。イヤな事しか無かったからね。だからね、楽しい場所を探して旅をしているんだよ。ねえおじいさん、ここはどんな村?

もしぼくがこの村に引っ越して来たら、楽しくやっていけるかな?」

長老は首を横に大きく振って答えました。

「この村は君には合わないよ。君がこの村に引っ越して来ても、きっと楽しいことなんかないし、気に入らないと思うよ」


同じ村に、今度はB君という旅人がやってきました。

B君はその村にいた白髪の長老に尋ねました。

「ぼくは自分の住んでいる村が大好きなんだ。楽しいことがいっぱいあってね。でももっといろいろな世界を知りたくて旅をはじめたんだけど、ねえおじいさん、ここはどんな村？　もしぼくがこの村に引っ越してきても、楽しくやっていけるかな？」

長老はにっこり笑って答えました。

「ああ、ここはとてもいい村だよ。君もきっと気に入るさ！」


――なぜ、この長老はA君とB君に違う答え方をしたのでしょう？

A君はものごとを何でも否定的に捉える人です。

B君はものごとを何でも肯定的に捉えることができる人です。

肯定的に捉える人は、いい面を積極的に見つけようとします。

しかし、否定的に捉える人は、よくない面ばかりが目についてしまいます。

その結果、肯定派と否定派は同じ対象についても評価が真っ二つに分かれます。

当然ながら、いい面を享受できる人のほうが、プラスの方向に成長できます。

「これ苦手だなあ……」

「ああ、やりたくないなあ……」

勉強でも仕事でも、最初からネガティブな気持ちでイヤイヤ取り組むと、ミスが多くなってしまったり、必要以上に時間がかかったりしませんか？

逆に、「おもしろそう！」とポジティブに

感じると、「ぜひやってみたい！」というワクワク感が湧いて、あっという間にいい仕事ができたりしませんか？

その理由は、私たちの脳の仕組みにあります。

脳は何か情報を受け取ると、「おもしろい・好き」というプラスのレッテルと、「嫌い・つまらない」というマイナスのレッテルに分ける習性があります。

プラスのレッテルがはられると、脳のパフォーマンスが高まります。

マイナスのレッテルがはられると、脳のパフォーマンスが落ちます。

子どもの脳の働きをよくするためには、「これおもしろい！」「これ好き！」と感じるようなアプローチをすることが大切です。

子どもが嫌がるものをむりやり強要しても、成果はあまり期待できません。

## 天才児が育つ習慣4 「ネガティブ脳」を「ポジティブ脳」に

知らない間にネガティブな思考や言葉の泥沼に首までどっぷり浸かっていると、なかなかそのネガティブな沼から抜けられません。

アメリカの心理学者セリグマン博士は、うつ治療の一環として、毎晩寝る前にその日にあったよかったことを3つ書き出し、それを1週間続けるという方法を提案しました。

これによって、うつの改善に大きな効果をもたらしたそうです。

私の友人のコンサルタントは、「その日にあった良かったこと」を全部洗いざらい書き出し、次に毎日の「成功」と「感謝」を書き出す日課を3週間続けると、自然にポジティブな発想ができるようになって、目標達成しやすくなると述べています。また、同様の行動を習慣化し自分自身のものにする、という宿題を出しているセミナー講師なども少なくありません。自身のブログやフェイスブックなどに書き出す手もありますが、「他人に公開するのはちょっと……」と思う人は、自分だけしか目に触れない日記に書き出してもいいかもしれませんね。

良かったことを書き出すと、それまで気にも留めていなかったことをポジティブな目線で見直すきっかけになります。

ぜひ親子で一緒に毎日良かったことを全部書き出してみてください。

「そういえば、今朝、庭で四つ葉のクローバーを見つけたよ！」

「お昼ごはんのオムライス、美味しかったなあ！」

「久しぶりにお祖母ちゃんから電話があって、元気そうで良かった」

「落とし物を拾ったら、ありがとうってすごく喜ばれた」

どんなことでもいいのです。心の中で思ったり感じたりしただけではすぐに忘れてしまいますが、文字に書きとめてアウトプットすれば客観化され、心に刻まれます。

「今週はいいことがいっぱいあったなあ。そういえば先週より元気になったかも」

「月曜日にケンカしちゃったけど、あのときすぐに謝って本当によかった。おかげで1週間ずっと仲よく過ごせた」

書いた内容をときどき振り返って読むと、新たな気づきがあったり、自分自身の変化や成長を自覚することができます。

あまりにもネガティブなものが溜まっている人は、NLPのワークの手法に、自分のネガティブな思いをとことん書き出し、それを心の中でやっつけたり、手のひらの中で小さく丸めて「ポイッ」と捨てちゃうという方法があります。また、船を思い浮かべそれを送り出して「さようなら」とスッキリお別れをしてから、ポジティブなことを書くという方法などもあります。

人は眠っているときも心臓が止まらないのと同じように、無意識は働いています。夜寝る前にネガティブなことを考えると、翌朝もそれを引きずってしまいます。

夜寝る前に絵本などを子どもに読み聞かせする際は、怖い気持ちになったり、不安を覚えるようなお話ではなく、ワクワクうきうき楽しくなるようなストーリーや、幸せな気持ちになるようなハッピーな本を選びましょう。そうすれば、翌朝もうきうきハッピーな気持ちでスタートできます。

私たちが子どもの頃、両親が夜寝る前に絵本を読んでくれたのは、実は意味のある習慣だったのです。

朝の「おはよう」や「いってらっしゃ～い」「がんばってね～」も、その日の始まりに感謝し、互いに「今日もよろしくお願いします」「今日も1日がんばっていこうね」という意味が込められているのです。

「思考に気をつけなさい。それはいつか言葉になるから。
言葉に気をつけなさい。それはいつか行動になるから。
行動に気をつけなさい。それはいつか習慣になるから。

習慣に気をつけなさい。それはいつか性格になるから」

――これはマザー・テレサの言葉です。

親が何気なく使っているネガティブな思考や言葉に潜んだネガティブウィルスは、子どもにダイレクトに感染します。

子どももネガティブに考え、ネガティブな言葉を発するのが習慣化し、気づくと親にそっくりのネガティブな性格になってしまいます。

## 天才児が育つ習慣5 「後出しジャンケン」で視点を変えてみる

何でもかんでも〝Ｌｅｔ'ｓポジティブ〟にすればいいというわけではありませんが、日常的に思ったり、書いたり、読んだり、声に出していったりすることをプラスのベクトルに持っていくだけで、自分の可能性を伸ばすポジティブ脳に変われます。

「でも、そんなに何でも簡単にプラスの方向にばかり目を向けられない……」という人は、「後出しジャンケン」ゲームをしてみましょう。

「後出しジャンケン」というと、ちょっとアンフェアなイメージがあるかもしれませんが、このゲームによって視点を柔軟に切り替える能力が養えます。

ルールは簡単です。まず、「ジャンケンポン！」でひとりだけ先に手を出し、残りの人は後出しをして勝つ手を出します。

次に、「ジャンケンポン」でひとりだけ先に手を出し、残りの人は後出しして負ける手を出すのです。

ぜひ、家族でこのゲームをやってみてください。

後出しだと、勝つのは容易ですが、負けるのは意外と難しいことに気づくと思います。

実際、ジャンケンのペースをどんどん早くすると、相手がグーを出しているのに、うっかりパーを出してしまったり、相手がチョキを出しているのに、ついグーが出てしまったり、負けようとしても勝ってしまう人が続出します。

そのわけは、私たちの脳は普段から「勝ちたい」という思考回路になっているからです。

特に男性は狩猟民族の時代から「勝ちたい」という本能が備わっているので、わざと負けるのがヘタだそうです。

これは『東北大学未来科学技術共同研究センター川島隆太教授監修　もっと脳を鍛える大人のＤＳトレーニング』で知られるようになった手法ですが、ときどきこんな風に普段の思考回路を飛び越えて、視点を切り替えるトレーニングをしましょう。

## 天才児が育つ習慣6　「ナニナニ星人」「ナゼナゼ星人」との会話法

「これ何？　あっ、あれは何？」

「なぜこんな形なの？　なぜあんなことしてるの？」

子どもは大人が驚くほどいろんなものに興味を持ち、気になる不思議なものたちの正体を知りたがる天性の「ナニナニ星人」や「ナゼナゼ星人」です。

しかし、子どもに「何？」「なぜ？」と質問されると、親はたいてい一問一答形式のＱ＆Ａで対応してしまいがちです。

子「ねえねえ、これ何？」

親「これはアリだよ」×

子「どうしてこんなにウジャウジャしてるの？」

親「エサが落ちているからだよ」✕

先生が教えるように親がすぐに常識的な答えを言うと、子どもがあれこれ頭と心を使って考えたり、イマジネーションをどんどん膨らませたりするチャンスを奪ってしまいます。

子どもは常識にとらわれている大人と違って、思いもよらないような発想をすることがよくありますが、親は「そんなバカなことあるわけないよ」などと、すぐに大人目線の常識的な意見で子どもの想像にフタをしてしまいがちです。

無限の可能性を秘めた子どもの想像力や思考力を伸ばすには、はじめから常識的な知識を教え込もうとしないことがポイントです。

子「これ何かな？」

親「何かなあ？　何だと思う？」◯

子「えーっと……怪獣の赤ちゃんかな⁉」

親「アハハ、怪獣の赤ちゃんか！　どうしてここに怪獣の赤ちゃんがいるのかな？」◯

子「このお菓子が食べたいのかも！」

親「へぇ！　怪獣はお菓子が好きなのかな？」◯

このように、「何かな」という子どもの問いかけに、「何かな」とオウム返しで応えると、それだけで子どもは「自分の話をちゃんと聞いて、受け留めてくれている」と安心します。
さらに、子どもの質問に対して、親が逆質問を返すことで、子どもはまず自分の頭で考えようとします。
「怪獣の赤ちゃんかな？」という突拍子もない発想に対しても、親は「そんなわけないよ」とあっさり否定せず、子どもと同じ目線で受け留め、その発想をさらに広げるような問いかけをすれば、子どもはますます好奇心や想像力を膨らませます。
子どもの「何？」「なぜ？」は、「もっと

知りたい」という知的好奇心の芽です。

こうした芽を、大人の目線で安易に摘んでしまわないようにしましょう。

いかにも子どもらしい無邪気な視点や大胆な発想には、大人もはっと気づかされたり、教えられたりすることも多いはずです。

自分の守備範囲でないことに子どもが興味を示していても、「そんなのもうやめなさい」と邪魔しないことです。

「いつまで虫ばっかり見てんの。もう行くわよ」

「そんな汚い虫なんか触っちゃダメ！　捨てなさい！」

などと親が自分のものさしで阻止したり拒絶したりすると、子どもの自発的な興味や探求心がそこでポキンとへし折られてしまいます。

人の脳は「知りたい」と興味をかきたてられることで発達します。

子どもの脳の発達を高めるためには、「ダメ」「やめなさい」「いけません」といった否定語をできるだけ使わず、「知りたい」という興味を引き出すようにするのがポイントです。

「わあ、これおもしろいねえ。どうしてこんな動きをするんだろうねえ？」

「これは何て名前なんだろうねえ？　この図鑑に載ってるかなあ？　見つかるかなあ？」

そんな風にお母さんも「ナニナニ星人」や「ナゼナゼ星人」になって、子どもと同じ目線で興味を示し、一緒に図鑑を見たりしながら子どもの知的好奇心をどんどん引き出してあげましょう。

自分が興味を持ったことをとことん探求する楽しさや、知的好奇心が満たされる喜びを体験的に知っている子どもは、自ずと学習能力が高くなり、「勉強しなさい！」と親がガミガミ追いたてなくても、自発的に学ぶ子になります。これって実は大人も一緒だと思いませんか？

## 天才児が育つ習慣7　Iメッセージへの変換

「壁に落書きしたのね！　悪い子！　そのクレヨンもう使っちゃダメ！」

真っ白な壁に落書きをしたり、新しい本をビリビリに破いてしまったり、子どもは悪気もなく大人があきれるようなことをよくしでかします。

でも、大人からすれば、とんでもなく非常識な行為も、絵が大好きな子どもが、真っ白な壁に「何か描いてみたいな！」という無邪気な好奇心に駆られただけかもしれません。なのに、母親が一方的に「この子が悪い」と決めつけると、子どもは反発心を感じて、やる気を失ってしまいます。

コーチングや心理学では、「あなたはこうだ」「あなたはこうしなさい」といった「あなた＝ＹＯＵ」が主語になるメッセージのことを「ＹＯＵメッセージ」といいます。ＹＯＵメッセージは、相手の気持ちを無視した一方的な決めつけや命令になりがちなので、言われた相手は反発心を覚えることがあります。

これに対して、「私はこう思う」「私にはこう見える」「私はこうしたい」といった、「私＝Ｉ」が主語になるメッセージを「Ｉメッセージ」といいます。

はじめのセリフを「私」が主語になるＩメッセージに変換すると、たとえばこんな感じになります。

「お絵描きは楽しいね。でも、ママは壁にはクレヨンで絵を描かないよ。だって、せっかく上手に描いても、掃除のときに全部消えて真っ白になっちゃうもん。紙に描いたほうが消えないから、ママは紙に絵を描くよ。サトくんはどう思う？」

このように、親が自分の気持ちを表明するＩメッセージで伝えるようにすれば、子どもも反発心を感じることがありません。

さらに、「そっか、壁にクレヨンで絵を描いても掃除で消えちゃうのか！」と気付きを与えることができます。

大人に命令口調で説教されるのではなく、子ども自身がはっと気付いて納得すれば、「せっかく描いた絵を消されたくないから、これからはぼくも紙に描こう」と、自発的に改めるようになります。

お母さんが子どもにガミガミと説教をしたり、禁止を強要するのは、親にとっても子どもにとってもストレスフルな状況ですが、子どもの気付きを促す言い方に変えるだけで、子どものほうから変わってくれます。

この章で紹介した７つの習慣を、ぜひ、お子さんとの日々の触れ合いの中で活用してみてください。

きっとあなたのお子さんの持つ素晴らしい潜在能力が、磨かれていくはずです。

# 第4章

# 「五感」を活性化して隠れた能力を引き出す

## 「なんだろう？」がいっぱいの環境で

この章では、わが習志野台幼稚園では、どのような教育を行っているかを具体的にご紹介します。この本をお読みのお母さんお父さんの子育てに、ぜひお役立ていただければと思います。

私の祖父の代から続く習志野台幼稚園は、１９６６年（昭和41年）の開園以来、園児ひとりひとりと「心」の通じ合う幼児教育を目指してきました。

そのためには、まず良い環境を整えることが、子どもたちの豊かな五感を刺激し、伸びやかな成長へとつながっていくと考えています。

２０１５年に「キッズデザイン賞」を受賞した習志野台幼稚園の新園舎は、いろいろなものに興味を持ち、自分で考え、自分で判断して自発的に行動し、自分の力で表現できる子ども達を育てるための大切な学び舎です。

「この建物は、なんですか？」

「キッズデザイン賞」を受賞した習志野台幼稚園園舎の外観と内観

地元の方は幼稚園だとご存知ですが、知らない人が通りかかると、たまにそんな風に尋ねられます。

大人が見ても「なんだろう?」と思う建物には、好奇心あふれる子ども達にさまざまな気付きを促す工夫が随所に織り込まれています。

子どもたちが最初に入ってくる園舎のエントランスは、天井が高く、伸びやかで開放感のある吹き抜け構造になっています。

子どもたちが吹き抜けの階上から見下ろすと、エントランスホールの植物やお友だちの姿を俯瞰できる「大きな覗き穴」のようなイメージに仕上げています。

見上げたり、見下ろしたり、視点をずらすとものごとの見え方がまったく違ってくるのを、体験的に学ぶことができます。

さんさんと降り注ぐ太陽の明るい光は、子どもたちの心を大きく弾ませるので、園内は十分な採光が取れるように設計しています。

ただ、活発な子どもたちは大人と同じ数の汗腺を持っているので、とても汗っかきです。各教室の前に園庭に面した廊下を設けて、教室に強い直射日光が差し込んで子どもの体温が上がり過ぎないようにしています。

また、正課や課外の決められたカリキュラムだけではなく、リラックスして自分の好きな本が読めるスペースとして、ライブラリー＆フリースペースも設けています。子どもたちがそこで寝転がって楽しそうに本を読んでいる光景をよく目にします。

家でも幼稚園でも、子どもたちが1日の多くを過ごす空間には、「遊び」「発見」「安心」「癒し」といったさまざまな要素が入っていることが大切です。

## 遊びの中から危機管理の知恵を

子どもたちを育てる環境を考えるとき、遊び心だけでなく、子どもたちの目線で「安心・安全」もしっかり考慮することが不可欠です。

２０１１年３月に起きた「東日本大震災」は、改めて防災の重要性を考える大変重要な機会になりました。

習志野台幼稚園では、いざというときに、どちらか一方の避難経路しか使えないという状況が発生するリスクを考慮して、すべての教室に２方向の避難経路を用意しました。また、有事のときに備えた避難階段や避難滑り台を設置し、それを日常の遊具としても活用できるようにしています。

子どもたちの身近なところにある避難経路は、パニックになりやすい緊急時ほどその真価を発揮します。

２階から園庭まで素早く安全に滑り降りられる避難滑り台は、通常の滑り台とはまた違ったダイナミックな動きを体験できるため、園児たちからも人気があります。

子どもたちが心と身体をめいっぱい使って遊ぶ中で、生きる上で大切な知恵を身につけてほしいと考えています。

## 五感を目覚めさせる7つの活動

子どもたちは、いろいろなことに興味を持ち、どんどん吸収していきます。その猛烈な好奇心、熱量、吸収力は、大人の常識をはるかに超えています。

子どもの未知数の可能性を伸ばすためには、まずその子がどんな分野が得意なのか、さまざまな体験を通して見つけ出していくことが大切です。

親が「この分野に行かせたい」と強く思っていても、子どもは親が思ってもいない分野に隠れた能力を秘めているかもしれません。

たとえばお母さんが子どもにピアノを習わせて、音楽の才能を伸ばしたいと考えていても、実はその子はピアノよりもダンスのほうが得意で、楽器を演奏することよりも身体を動かした表現をさせる方が抜群の能力を発揮するかもしれません。

興味のあることを子どもが自らどんどん探求していくようにすれば、それに対する知識や技能がさらに養われます。またそれに付随した気づきも得ることができるのです。

得意な分野を大人が最初から決めつけて可能性を限定するのではなく、子どもの五感を活性化するいろいろな活動を通して、「好き」「おもしろい」「もっと知りたい」「もっとやってみたい＝Ｗａｎｔ」を引き出し、伸ばしていくことが大切です。

子どもたちの五感を目覚めさせ、能力を引き出すことを目的に、「態度教育」「体操」「アート（レッジョ・エミリア・アプローチ）」「音楽」「知能遊び」「リトミック」「イングリッシュ（ネイティブの専属スタッフたちが学園内の子どもたちに関わっています）」の7つのアクティビティ（正課活動）を行っています。

0〜2歳時の保育所では、オーガニック食材を積極的に取り入れ、「食育」にも力を注いでいます。今後は玄米和食のマクロビ給食にもチャレンジしていきたいと思っています。

## 1 態度教育

ＮＰＯ法人エンジェルサポートアソシエーションと提携して行っているものです。挨拶・

返事・はきもの・立腰・食育という教育の5つの基本を子どもたちに身につけてもらうことで、人としての土台を培います。詳しくは第1章でご紹介したとおりです。

## 2　体操

幼児期の身体活動は、心身の発達や体力づくりにとても大切です。

体操の専門講師による指導のもと、マット運動、跳び箱、鉄棒、縄跳びなどに取り組み、俊敏さを養うとともに、身の安全を自分で守れる能力を育んでいきます。

また近隣のスイミングクラブと提携し、1年を通してプール指導も受けています。

全身を使って体操をすることで、子どもの体力や運動能力が培われるのはもちろん、集中力や粘り強さがつき、最後までやり遂げる達成感や喜びを実感できます。

## 3　アート

自己の創造性を引き出し、ひとりひとりの持っている感性が充分に表現できるよう、長年幼児のアート指導をされている専門家によって豊かな個性を伸ばします。

次の第5章で詳しくご紹介しますが、子どもたちの意思や個性、感性を大切にするイタリア発祥の幼児教育実践法「レッジョ・エミリア・アプローチ」の手法も取り入れて、当学園では講師のことを「アトリエリスタ」と呼んでいます。

アートの活動では、アトリエリスタの「質問力」が非常に重要な意味合いを持ってきます。たとえばフルーツがテーマだとしたら、「今日はリンゴを描きましょう」という横並びの指導はしません。

「今日はどんなフルーツを描きたい？」と、まずアトリエリスタが子どもたちの意思を尋ねます。

「私はバナナが描きたい！」

「ぼくはメロンが描きたい！」

ひとりひとりの子どもが描きたいモチーフを引き出したら、決まった角度からではなく、好きな場所に移動してもらって、ひとりひとりが好きなモチーフを、好きな角度から、自由に描いていくのです。

また、廃材を使って自由に作品を作ったり、ストーリーを作って、それをアートで表現するなど、さまざまな角度から子どもたちの発想を大切にし、伸ばしていく教育スタイルにしています。

## 4　音楽

音感を磨くには、５歳までが大切と言われます。

幼児だからこそ、耳だけでなく目や皮膚などから本物の音楽を感じ取る感性を引き出し、豊かな情操を育みます。

音楽専門の講師による、器楽演奏や、行進用のリズムを演奏する鼓隊の練習をすることで、音楽を楽しみながら集中力や持続力を養います。

## 5　知能遊び

言葉や理屈で知識を教えるのではなく、ヴィジュアルを使った遊びの中で自然に知能を養う教育です。

脳に適切な刺激を与えると、子どもは積極的に能力を発揮し、「自分で考える力」「失敗してもまた挑戦する意欲」を身につけます。

たとえば、絵を見せながら、次に何が出てくるか想像させたりして、「あっ、そうか！」「こう考えればいいんだ！」といった思考力や判断力などをゲーム感覚で楽しみながら鍛

## am10:00 アクティビティ（正課活動）の時間

英語、体操、アート、しつけ、音楽、知能あそび、リトミック
五感を刺激する7つの活動を実施しています。

知能遊びに用いる教材

えるのです。

「ここにクマがいる。ここにいないね？　ここに3匹いるね。じゃあここには何匹いるのかな？」といった、答えを教えるのではなく、子どもに考えさせる先生の「質問力」も重要です。

この知能遊びの活動は、私が幼児だったころから習志野台幼稚園で実施していた方法で、幼児期に私のＩＱが１２３から１６０にアップしたのも、この知能教育のおかげなのです。

## 6　リトミック

幼児期は、運動の基礎になるさまざまな動きを幅広く獲得する大切な時期です。

立ったり、回ったりして身体のバランスをとる動きや、歩いたり、飛んだりして身体を移動する動きなどに共通しているのはリズム感です。

たとえばピアノの音とともに身体を動かし、歌いながらリズミカルに遊戯をすることによって、反射神経や集中力が培われます。

幼児期にリズム感や音感を養うと、自己コントロールができるようになり、できないことも努力するようになります。

習志野台幼稚園では、天野式幼児リトミックの講師が指導しています。

## 7 英語

英語のレッスンでは、遊びの中で英語に触れ、興味を持って自発的に学ぶことを目的に、園児全員に英語教育を行っています。

自園の専門スタッフであるネイティブスピーカーのレッスンを週に数回実施しています。英語の時間には、先生も子どもたちも英語でしか会話させないので、子どもたちは英語シャワーを週に何時間も浴びていることになります。

子どもの脳には、言葉をどんどん覚え始める4歳ごろから「母語（日本人なら日本語）の言語領域」が確立されてきます。

トピックに合わせた単語や会話、歌などで構成された「ＧｒａｐｅＳＥＥＤ」英語教材を活用し、英語シャワーで子どもの脳に新しく「英語の言語領域」を開発するようにアプローチすれば、子どもたちは日本語を自然に身に付けたように、自然に英会話能力を身につけていきます。

一度にむりやり知識を詰め込むのではなく、英語だけの世界に楽しく浸る時間を設けることで、子どもたちが少しずつ英語を吸収していきます。

これは語学に熟達した方々が必ず言われることですが、ずっとリスニングを続けていると、ある日突然にその外国語の意味がわかるようになるのです。コップの水がいっぱいになるとあふれ出てくるように、英語が脳にいっぱいに蓄積されると、英語が自然に子どもの口をついて出てくるようになります。

## 世界に羽ばたく国際人に

「バイリンガル教育で世界に羽ばたく日本人を育てる」

これをコンセプトに幼稚園で英語の授業をスタートしたのは2006年。

当初は、外部講師による週に1回、もしくは2週に1回程度のクラスでした。

実際にやってみて、「これで本当に子どもたちが英語を話せるようになるのだろうか?」という疑問を感じるようになりました。

英語を話せるようになるには、英語に触れる時間が2400時間以上必要だと専門家の

日常的にネイティブ講師と接しながら、子どもたちは自然に国際性を身につけていく

間でいわれています。

できるだけ英語シャワーを浴びる時間を増やすためには、正課や課外を通じて、週に何度もレッスンの時間を設けなくてはいけません。

そこで、2013年からはアメリカ出身のネイティブ講師4名を正規雇用し、授業を実施しています（2015年からは5名）。

質の高い英語授業を実施するには、正しい英語の発音ができるネイティブ講師の正規雇用が不可欠です。その際、ネイティブ講師陣には幼稚園の特性を理解してもらい、幼稚園の運営側には文化の違うネイティブ講師の特性を理解してもらう必要があります。

そうしたハードルをクリアするまでは、試行錯誤の繰り返しで、10年近くかかってようやく現在のカタチが実現しました。

こうした英語教育は幼稚園としてはあまり前例がなく、全国から多くの幼児教育関係者の方々が視察にみえられます。


「海外の幼児教育を実践し、そのよい面を日本の幼児教育にも取り込みたい」

そんな思いから、「世界一美しい町」と謳われるオーストラリアの都市パースでも、習志野台幼稚園の姉妹校である「アリス・マジック・カーペット・プレ・キンダーガーテン（Ａｌｉ'ｓ Ｍａｇｉｃ Ｃａｒｐｅｔ Ｐｒｅ－Ｋｉｎｄｙ）」を運営しています。

テレビ電話（Ｓｋｙｐｅ）を通じて、現地の子どもたちとコミュニケーションを取る機会も設けており、英語で会話する楽しさをリアルに体験してもらっています。

子どもたちはまだ、日本がどこにあるのかも、アメリカやオーストラリアがどんな国なのかも、よくわからないかもしれません。

けれど、肌や髪の色が異なり、言語も異なる多様な人たちと子どものころから触れあった経験は、異文化を理解する素養になりますし、国際社会を生き抜いていくうえで必ず役に立つと思っています。

今は英語を社内で話すことが当たり前の企業も増えており、英語でコミュニケーションできることがますます必要になってきています。

今後はバイリンガルクラブ（課外教室）で英語を学んだ子どもたちが卒園しても、英語を継続して学び続けられるよう、小学生はすでに行っておりますが、さらに中学生まで学び続けられるカリキュラム制度の構築も予定しています。

## いつの間にかネイティブのような発音でス～ラスラ！

英語を学ぶことによって、子どもたちがこんなに変わった！

――そんなお母さんの声をご紹介します。

「『ママ、ヒポポタマス！』

『エレファン！』

『ジブラ！』

家族で動物園に行ったとき、動物たちの名前をスラスラと、それも外国人かと思うようなきれいな発音の英語で話す娘にびっくりしました。

家では英語なんてまったく教えていなかったのに、幼稚園の英語レッスンで娘がここまでしゃべれるようになるなんて驚きです。

ネイティブの先生が英語を教えてくれるのを、娘はいつもとても楽しみにしています。

英語の時間はオールイングリッシュなので、年少のころは先生が何を話しているのかまったくわからなかったようです。

けれど、年中になるころには耳がすっかり慣れたようで、だんだんと英語の言葉を聞き取れるようになり、少しずつ話せる単語の数も増えていきました。

大人と違って、小さな子どもの英語を吸収するスピードの速さには正直、日々驚かされています。

しかも、英語レッスンによって、英語以外の面でもうれしい変化がありました。

娘はもともと人見知りで、恥ずかしがりやさんだったのですが、幼稚園でアメリカ人の先生を見かけると、ダッシュで駆けて行って、目をキラキラさせながら話しかけるのです。

『英語の先生、大好き！』

娘はいつもそう話しています。きっと先生のことが大好きだから、英語もどんどん覚えられるのでしょう。

普段の生活ではあまり外国人と触れあうことがありませんが、ネイティブの先生方といつも身近に触れあっているおかげで、外国人に対する心の壁がまったくありません。〝異文化交流〟という面でも、娘の未来の可能性を、ぐっと広げてくれるこうした経験は貴重な宝物と思っています」

## 先生たちの語る〝習幼《ならよう》ストーリー〟

保育士という立場で、実際に毎日たくさんの子どもたちと接している習志野台幼稚園の先生たちの生の声をご紹介します。

先生たちの言葉には、子育て中のお父さんお母さんの参考になる気付きがたくさんあるのではないかと思います。

**・見守りながら少しずつ築いていく信頼関係（3〜5歳児クラスの担任）**

「私が今までで最も印象に残っているのは、あるとても人見知りの子どもと信頼関係を結べたことです。

私が担任になったクラスに初めて入ってあいさつをしたとき、ほとんどの子どもたちはニコニコしながら興味津々で私に近寄ってきてくれました。

ところが、ひとりだけ、私が1歩近づくと、1歩下がる子がいました。

『あ……怖いのかな？　恥ずかしいのかな？　この子と今後どうやってコミュニケーションをとればいいのかな……？』

密かに心の中で悩みました。

まずは、あまり一気に近寄るのではなく、その子を見守りながら少しずつ距離を縮めていこうと考えました。

毎日その子が来ると明るく『おはよう！』とあいさつをし、ちょっとしたことでも『今日はごはんきれいに食べたね』『お片付けが早いね』などとさりげなくほめたりしていました。

すると、2カ月ほど経ったころ、初めてその子から私に声をかけてくれたのです。

『先生、おはよう』

それはとても小さな声でした。でも、きっとその子はすごく勇気を出して言ってくれたのだと感じて、胸が熱くなりました。

それをきっかけに、毎日少しずつコミュニケーションを深めていきました。

『せんせい、いつもありがとう』

今ではそんなお手紙までくれるようになりました」

### ・子どもたちひとりひとりに寄り添う（3〜5歳児クラスの担任）

「子どもたちひとりひとりの心の声に寄り添うことを大切にしています。

『先生、あのね！』と積極的に話しかけてくる子もいれば、そうでない子もいます。

性格は本当にそれぞれですが、みんないろいろな思いを抱いていると思うので、どの子にも寄り添い、それぞれの心の声に耳を傾けるようにしています。

『がんばったね！』

『えらかったね！』

『カッコイイよ！』

子どもたちの努力に対しては、きちんとねぎらい、ほめてあげます。

『ありがとう』

『優しいね』

『助かったよ』

子どもたちの優しい言動に対しては、心から感謝します。

どんなときも、子どもたちのささやかな言動を見落とさず、認めて受け留めてあげることを大切にしたいなと思っています。

園の仕事は、子どもだけでなく、保護者の方や園長先生をはじめとする先生方、バスの運転手さん……たくさんの人とのつながりがあってこそ成り立っているものなので、日々感謝し、情報を共有しながらコミュニケーションすることを大切にしています」

**・自信をつけると、子どもは見違えるように生き生き！**（3～5歳児クラスの担任）

「私のクラスのAちゃんは、入園してから自分の意見をなかなか言えませんでした。お友だちが遊んでいても、『入れて』と言えず、遠くからじっと見守るだけ。でも、「知能遊び」をする中で、緊張しつつも少しずつ発言する機会が増えていきました。それがきっかけとなって、Aちゃんはだんだん大きな声で発言できるようになり、周囲のお友だちと関われるようになっていきました。

お友だちが増えてくると、Aちゃんは自信がついたようで、入園当初のようにおどおどせず、堂々と発言できる子に大きく変化しました。

Bちゃんも、最初はAちゃんのように自信がなく、どんな活動をしていても、動きが小さく、途中で動作が止まってしまうことがよくありました。

Bちゃんは英語にはとても興味があり、はじめのうちこそ少し遠慮がちでしたが、3回目のレッスンからは誰よりも大きな声で発言するようになりました。

英語の先生にほめられる回数が増えると、Bちゃんは自信がついたようで、英語のレッスンになると自ら楽しんで参加し、英語のダンスも堂々と踊っていました。

英語のレッスンで自信をつけたBちゃんは、英語以外の活動でも大きな声で歌ったり、何ごとも積極的に行うようになりました。

子どもは自信がないときは引っ込み思案ですが、何か自分の好きなものや得意分野を見つけると、別人のように生き生きしてきます」

**・誰も寄せ付けない子が受け入れてくれた瞬間！（3～5歳児クラスの担任）**

「私のクラスのCちゃんは、入園当初、毎朝怒ったような表情で登園してきました。

私が『おはようございます』と声をかけても、Cちゃんは目を合わせようともしません。

靴も脱がないので、靴を脱がせる度に、『やーだやーだ！』と泣く日が続きました。

それでも、毎朝Cちゃんの顔が見えると、『おはようございます。待っていたよ』と、にっこり笑って声をかけ続けました。

すると、10日ほどしたころ、Cちゃんは少しこわばった表情でしたが、初めて『おはよう』と言ってくれました。

それでも、Cちゃんは自分がやりたくないことがあると、『やーだー！』と泣き続けたり、友だちが側に来て『遊ぼう』と声をかけただけで友だちをたたいたり、簡単に人を寄せ付けない雰囲気をみなぎらせていました。

トイレもひとりでできず、オムツをつけていて、おもらしをしては泣いていました。

そんな状態が1カ月半ほど続いた後、Cちゃんに大きな変化が表れました。

『先生大好き！　先生じゃなきゃやだ』と、私をギュウっと抱きしめながら言ってくれたのです。

それからは、友だちとも手をつないで遊んだり、『これいいよ』と友だちにおもちゃを貸す様子も見られるようになりました。

そのころから、Cちゃんはおしっこもウンチもひとりでちゃんとできるようになり、おもらしをしなくなりました。

きっとCちゃんは初めての幼稚園生活の中で、必死に不安と闘っていたのだと思います。

『自分の居場所は本当にここなのかな？』

『自分を受け入れてくれる人は誰なのかな？』

小さな心で、一生懸命に不安を乗り越えようと葛藤していたことが、情緒不安定な表情や態度に表れていたのではないかと思います。

そんなCちゃんにずっと根気強く関わっていく中で、初めてCちゃんが私を受け入れてくれた瞬間の感動は、一生忘れません」

### ・園という集団社会で自然に学び合う子どもたち（3〜5歳児クラスの担任）

「集団の中で自分を表現するというのは、簡単なようで、小さな子どもにとっては意外と難しいことだと感じます。

だから、おうちでの顔と、園での顔が違う子もたくさんいます。

大好きなお父さんお母さんと離れるのは子どもにとってつらいことかもしれませんが、幼稚園という社会で、子どもたちは徐々に成長しています。

『幼稚園に行きたくない！』

と泣いて登園する子には、担任の先生が真正面から向き合い、毎日根気強くその子に温かい声をかけて関わっていきます。

頭を撫でたり、背中をそっとさすったり、スキンシップを図りつつ、幼稚園の活動を通してその子の好きなことがひとつでも2つでも増えてくれたらと考えて保育しています。

担任だけでなく、園のスタッフが全員でその子の気持ちを受け留め、関わりを持っていくことで、徐々に『今日は泣かないでがんばる』という思いが芽生え、その子を成長させるのだと思います。

先生と1対1なら遊びを楽しめても、集団になると難しい子もいます。

そうした子どもは、無理強いをせず、様子を見ながら、ときどき遊びに誘うと、次第にほかの友だちに関わりを求めるようになり、自然に『一緒に遊ぼう』と自ら誘うようになっていきます。

体操などが1度上手くできないと、『ダメだ……』とすぐに諦めてしまう子がいる一方で、集団で活動する中で、『できるまでがんばってみよう』とチャレンジする子もいます。

すると、がんばっている子を見て、周囲の子も自然に『がんばれ～！』と応援したり、上手くできると拍手したりするようになります。

先生が『もっとがんばりなさい』と強要しなくても、子どもたちは日々の集団生活の中で、こうしたことを互いに学び合うようになるのです。

目に見える成長もさることながら、集団生活の中で子どもたちが自然に習得している目に見えない成長も見逃さないようにしたいと思っています」

**・自力で克服することで育つ「あきらめない心」（3～5歳児クラスの担任）**

「私のクラスでは、うんていに夢中になって遊ぶ子どもたちの姿が多く見られます。うんていを始めたばかりのDちゃんは、最初は先生の手を借りながら遊んでいました。けれど、周りの友達が、最初から最後までひとりでうんていを渡り切るのを見たDちゃんは『私もひとりで渡れるようになる！』と発奮！

それからは毎日のように手に豆をつくりながらも、一生懸命がんばっていました。『せんせーい、見てみて！　ちょこっとできるようになったよー！』

うれしそうに私を呼ぶDちゃんを見ると、1週間前にはひとりで前に進むのも難しかったのに、誰の手も借りず、自力で3つも前進できるようになっていました。

そして1カ月後、Dちゃんは先生の補助なしで、最初から最後までひとりでうんていを渡り切ることができるようになりました。

私は思わずパチパチと大きな拍手をして、Dちゃんをぎゅーっと抱きしめて言いました。

『よくがんばったね！』

するとDちゃんは満面の笑みを浮かべていいました。

『うんっ！　だってもうお姉さんだもん！』

できる子を見て発奮し、できなかったことを自力で克服する中で、決してあきらめず、ひたむきに挑戦し続ける自信が培われるのだと思います。

Dちゃんと違ってEちゃんは競争心がなく、何ごとに対してもやる気がありませんでした。

でも、運動会のときに、『負けたくない、勝ちたい』と悔しがって泣いたことがありました。競争心が芽生えてから、Eちゃんは最後まできちんと取り組むようになりました。

集団の中で刺激を受けると、自分の弱さに負けない心が育つのだと思います」

**・鼓隊の練習を通して劇的に成長！（3～5歳児クラスの担任）**

「年長の子どもたちは、3歳から5歳までの3年間のまとめとして『鼓隊』を行います。

鼓隊は、個人の成長だけでなく、お友だちとの協調性も学べる活動です。

本番は10月の運動会ですが、半年前の4月から足踏みやバチ打ち、リトミックをしながら本番に向けての意識を高めていきます。

鼓隊の練習を初めて行うとき、まず前年の鼓隊の映像をみんなで観賞します。

『わぁっ、すご〜い！』『かっこいい〜!!』

子どもたちは口々に感動しますが、いざ自分たちが鼓隊の練習をするとなると、なかなかじっと集中して取り組むことができません。

5〜6月にどの子がどの楽器を担当するかが決まると、それぞれパート練習を行います。

音やリズムを間違えないで合わせられるように、楽器のパート練習を繰り返すうちに、子どもたちはだんだん自分のパートに自信が持てるようになっていきます。

すると、『みんなでひとつのものを作り上げよう！』という意識が高まってきます。

子どもたちが鼓隊の練習を前向きに取り組めるようになると、普段の『態度教育』でしつけている『立腰』や『返事』も自然と身に付いてきます。

そのため、鼓隊にもぐっとまとまりが出てきて、9月の仕上げの段階のころには、ほとんどの子どもたちが、気持ちをパッと切り替えて練習を始められるようになります。

どんなに遊びに夢中になっていても、『やるときはやる！』という意識を自然に持てるようになるのです。

そして本番の10月には、鼓隊を立派に行う姿を運動会で披露することで、その後の活動にも大きな自信を持って取り組めるようになります。

鼓隊を始めたばかりの4月ごろと比べると、わずか半年で子どもたちは見違えるような成長を遂げるのです」

ここまで、実際で園で子どもたちに触れ合う先生たちのお話をご紹介しました。

子どもたちの個性はひとりひとり異なるので、信頼関係を一律に築くことはできません。特にコミュニケーションの苦手な子どもと触れあうときは、大人のペースではなく、その子のペースに合わせて対応することが大切です。

また、「好きなこと」と「嫌いなこと」、「得意なこと」と「苦手なこと」、「できること」と「できないこと」も、子どもによってそれぞれ異なります。

その違いを比べて、できない子どもを非難するのではなく、できるようになるまで見守ってあげましょう。

ひとりでできなかったことが、ひとりでできるようになる——それは子どもたちにとってかけがえのない成功体験になります。

その素晴らしい一瞬一瞬と触れあえるところに、子育ての大きな喜びがあります。泣いたり、失敗したりしながら、子どもたちはどんどん学び、成長していきます。成長する子どもと触れあうことで、大人もまた成長します。

先生も、親も、子どもを育てるために生きているのではなく、実は子どもに生かされているのです。

## 「Must（こうしなさい）」ではなく、「Want（こうしたい！）」を尊重

以前トップとの確執で、先生が大量に「翌年度は辞めたい」と伝えてきたことがありました。「Mustではなく、Want」は、人員不足で保育士を増員する必要に迫られ、先生の採用面接を行った際、実際に話した言葉です。1カ月足らずの短い期間に募集をかけて面接をしたのですが、10人以上の方がみな瞳をきらきら輝かせて当園の先生になってくださいました。

保育士不足が社会問題化しています。どの幼稚園や保育園でも、いい保育士を集めることは重要な課題のひとつです。

面接の際に、もし「うちの園はこんな方針です」「こんなことができる人を希望しています」と、こちら側の思いを一方的に押しつけていたら、きっと相手は「ここのルールの中で何とかうまく折り合いをつけなければならない」と少し息苦しく感じたり、「私についていけるかな……？」と不安を覚えたりしたのではないかと思います。

そうではなく、相手の夢や、相手のしたいことに耳を傾け、「ぜひそれをここで実現してください！」と言ったからこそ、「自分の夢がここで叶う可能性があるなら、ぜひここでがんばろう！」という前向きな気持ちになってくれたのではないかと思います。

これはコーチングの手法なんですが、子育てもまったく同じです。

親が自分の思いを子どもに一方的に押しつけるのではなく、子どもの興味のあることに耳を傾け、子どもの思いを尊重してあげれば、やる気がまったく違ってきます。

「Must（こうしなさい）」を押しつけるのではなく、子どもの「Want（こうしたい！）」を引き出すのが、子どものポテンシャルを最大限に発揮させる秘訣です。

# 第5章

# 子どもの自発性を引き出す
# 海外の最先端の教育法

## 「レッジョ・エミリア・アプローチ」とは？

私は世界各国の教育を学びながら、良いと感じた教育スタイルは「ＳＥ·ｉＲＹＯメソッド」にどんどん取り入れています。

そのひとつが、イタリア発祥の幼児教育実践法「レッジョ・エミリア・アプローチ（Reggio Emilia Approach）」です。

レッジョ・エミリア・アプローチと出会ったのは、２０１１年に東京・外苑前の「ワタリウム美術館」で開催された「驚くべき世界展」を観たのがきっかけでした。

「いったいこの混沌としたものは何だろう？　これが幼児教育？」

最初にその展示を〝体験〟したとき、正直とても驚きました。

それ以来、レッジョ・エミリア・アプローチ関連のセミナーや勉強会があると参加し、２０１６年には、ついにレッジョ・エミリア現地に視察に行ってきました。

レッジョ・エミリアは北イタリアのボローニャ郊外にローマ時代からある人口16万人ほどの小さな町で、正式名称は「レッジョ・ネレミリア」といいます。

イタリア、ボローニャ郊外の町、レッジョ・ネレミリア

レッジョ・エミリアのあるエミリア・ロマーニャ地方は、農畜産物の宝庫として知られ、ボローニャ伝統のミートソースパスタに欠かせない有名なパルメザン・チーズ（イタリア語で「パルメジャーノ・レッジャーノ」）やスパークリングワインの「ランブルスコ」の名産地でもあります。

ちなみに、レッジョ・エミリアの東隣はフェラーリやランボルギーニで有名な「モデナ」で、東隣は生ハムで有名な「パルマ」です。サッカーの中田ヒデも在籍しましたね。

地域的に社会主義の伝統が強く、ムッソリーニのファシスト政権時代には迫害され、レジスタンス運動が盛んでした。

しかし、第二次世界大戦後の１９４６年には、レッジョ・エミリア郊外のヴィラ・チェラという村で、戦後の復興のために、「未来を担う子どもたちの育成に力を入れよう！」と、地域の人々が教育者と共に、幼児学校を設立しようという活動を町ぐるみで始めました。

この運動が20年近くかけて実を結び、１９６３年にイタリア初の公立幼児学校がレッジョ・エミリアに産声を上げました。それをきっかけに、イタリア全土に公立の幼児学校が広まっていったのです。

１９９０年代には、アメリカの『ニューズ・ウィーク』誌に「世界で最も革新的で優れた10の学校」として大きくクローズアップされ、世界的に知られるようになりました。

そして、70年ものときを経て21世紀になった今も、オリジナリティあふれる画期的な幼児教育アプローチの場として、世界中から教育関係者が訪れています。

まさに私もそのひとりですが、実際に訪問してみて学ぶことが非常に多くありました。

## 子どもも大人も互いに学び合い、育ち合う

「何だろう?」

「おもしろそうだな!」

「これを試してみよう!」

「もっといろいろやってみよう!」

――レッジョ・エミリア・アプローチは、子どもたちの個性や意思を大切にしながら、子ども自身の独自の思考力や探求心、コミュニケーション力、表現力などを養うことを目的としています。

大人が子どもに一方的に教えるのではなく、保育者はもちろん、教育やアートのスペシャリスト、保護者や地域の人々が、子どもと共にアートを通して、互いに自発的に学び合い、互いの可能性を高め合い、育ち合うのが、レッジョ・エミリア・アプローチの大きな特徴です。

アートを通して学び合うといっても、芸術家の英才教育が目的というわけではありません。五感を刺激する創造的な体験を通して、子どもの秘められた発想力や創造力を高め、自分と他者、地域や社会、広い世界を認識するメディアとして、アートが用いられているのです。

実際に現地で子どもたちの教育現場を見ると、凸面や凹面の鏡がさりげなく室内に置いてあったり、大きな3面の鏡が正三角形に組まれていて、その中に子どもたちが入れる万華鏡のようになっていたり、至るところに子どもたちの探求心やイマジネーションを引き出すような仕掛けがしてあります。

大人が見ても、「あれっ、おもしろいなあ！」と子どもと同じ目線でわくわくするようなものがたくさんありました。

子どもたちには自由に使える共同の広場「ピアッツァ」や、自由に創作ができる空間「アトリエ」が複数あり、さまざまな教材や素材が用意されています。

アトリエにはライトテーブルやさまざまな廃材の素材、いつでも子どもたちが創造できる工夫がなされています。

また、ＯＨＰも常設されていて、影絵のような光と影のコントラストを生かした表現を子どもたちが自由に楽しむことができるようになっています。

さらに、本格的なドラムセットも用意されており、子どもたちはそれを自由に叩いたり、リズムに乗って踊ったりできます。

また、町の中には「レミダ（ＲＥＭＩＤＡ）」という１９９６年に作られたリサイクルセンターがあります。そこには、企業で使わなくなった廃材などが集積してあり、選別しやすいように仕分けされた廃材が用意されています。

先生たちがそれらを無料で受け取り、幼児学校や乳児保育所に日常的に供給して、何かを作ったり表現したりする際に使うという素晴らしいエコロジーシステムが整っています。

子どもたちは、日常的に町や社会、環境とのつながりを肌で感じることができるのです。

もちろん廃材といっても、汚れたり錆びたりしているようなものが用意されているのではなく、未使用の新品のデッドストックやリサイクル紙など、実にさまざまなパーツが、素材や大きさ、カラー、種類別にきれいに整理されています。

ボルトやナット、ペットボトルのキャップ、ワインのコルク、布や糸などがケースに入ってずらりと並んでいる様子は「なんだか美しいなあ！」と感動します。

そうした素材を眺めるだけでも、いろいろな発想や想像力、創造力がムクムクと湧き上がってくるような気がします。

## 子どもたちは「百のもの」で作られている

レッジョ・エミリア・アプローチの礎を築いたのは、1920年イタリア生まれの社会心理学者であり、教育哲学者でもあるローリス・マラグッツィ（Loris Malaguzzi）氏です。

マラグッツィ氏は、ウルビーノ大学で教育学を学んだのちに発達心理学を学び、1950年代に教育主事としてレッジョ・エミリア市に赴任してきました。

彼は当時、最先端の教育学、心理学、哲学を広く学び、地域に寄り添う独自の教育システムを考案して、それを教育現場で実際に実践しました。

マラグッツィ氏の教育哲学がぎゅっと凝縮されている彼の有名な詩をご紹介しましょう。

冗談じゃない。百のものはここにある。
子どもは百のもので作られている。
子どもは百の言葉を　百の手を　百の考えを　遊んだり話したりする。
百の考え方を愛することの驚きを　いつも百通りに聴き分ける。
百のものを歌ったり理解する。
百の楽しみを発見する。
百の世界を夢見る。
百の世界を持っている。
子どもは百の言葉を持っている。
（その百倍もその百倍もそのまた百倍も）
けれども、その九十九は奪われている。
学校の文化は　頭と身体を分けている。
そして、子どもにこう教える。

手を使わないで考えなさい。
頭を使わないで行動しなさい。
話さないで聴きなさい。
楽しまないで理解しなさい。
愛したり驚いたりするのは
イースターとクリスマスのときだけにしなさい。
学校の文化は子どもに教える。
すでにあるものとして世界を発見しなさい。
そうして百の世界のうち　九十九を奪っている。
学校の文化は子どもに教える。
仕事と遊び
現実とファンタジー
科学と想像
空と大地
理性と夢は

ともにあることが
できないんだよと。
こうして学校の文化は
百のものはないと子どもに教える。
子どもは言う。
冗談じゃない。百のものはここにある。
（『子どもたちの100の言葉　レッジョ・エミリアの幼児教育』世織書房刊より。佐藤学 訳）

## アトリエリスタが引き出す子どもの無限の創造性

レッジョ・エミリア・アプローチでは、アートの専門家を「アトリエリスタ」、教育の専門家を「ペダゴジスタ」と呼びます。

それぞれの分野のプロフェッショナルのスタッフたちが、保育士といっしょに子どもたちの創造的な活動をサポートするのです。

第4章でも触れましたが、習志野台幼稚園でも、日本におけるレッジョ・エミリア・アプローチの第一人者のひとりでもある石井希代子さんのご協力を得て、アート教育を取り入れています。

石井さんは、単に大人の知識やスキルを子どもたちに詰め込むのではなく、子どもたちひとりひとりの個性や意志を尊重することがまず大切であるとおっしゃっています。知識を増やすだけでなく、ものごとの本質について深く探求したり、生きる力を主体的に学んだり、子どもも大人も互いに創造性をフル回転して共に学び合う視点が必要だという石井さんの考えは、まさに「SEiRYOメソッド」に通じるものです。

当園でもアートの時間には、芸術を専門的に学んだ専門スタッフを「アトリエリスタ」と呼び、子どもたちの自発性を生かしながら、発想力や想像力を引き出す役割を任せています。

まだまだ名前だけですが、今後も積極的に取り入れていきたいと思っています。

大人が上から目線で子どもに教えるのではなく、大人の常識的な発想など打ち破るような、子どもの中に潜むとんでもないイマジネーションが爆発してくれたらおもしろいなと思っています。

レッジョ・エミリアの子どもの作品

たとえばパブロ・ピカソは、肖像画や静物画でも、右から見た形と左から見た形を同時に平面上に表現する描き方をしました。

右から見えるものと、左から見えるものを同時に描くという現実的にありえない表現をやってみようという発想に、素晴らしい独創性があります。

私の大好きな画家モディリアーニは、瞳を描かない肖像画をたくさん描いています。

細長い顔の上に描かれた瞳のない目は、ときにとても力強く、ときにとても物憂げです。

瞳はその人の心を映す鏡のような存在ですが、瞳を描かないという、従来の常識を打ち破る肖像画によって、逆に絵を見る人のイマジネーションを強くかき立てる深遠な肖像画になっているのです。

突き抜けた発想をする人は、従来の常識にとらわれません。

「そんなのは非常識」という大人の四角四面な考えを軽々と超える自由な発想ができます。

こうした芸術家の中には、常識に縛られない子どもの心が生き続けているのではないかと思います。

## AI（人工知能）に負けない創造性を育てよう！

「レッジョ・エミリア・アプローチ？　芸術家の英才教育にはいいかもしれないけど、別にうちの子を芸術家にするつもりはないし……」

「別にイタリアに興味ないし……」

そう思うお母さんお父さんもいるかもしれませんね。

私も実際にレッジョ・エミリアを視察したとき、「アートおたくの子になっちゃうんじゃないか？」と一瞬思いました。

しかし、レッジョ・エミリア・アプローチは、アート的でクリエイティブな手法を使っていますが、決して芸術家の英才教育を目的にしているわけではありません。

結果的にアーティスティックな才能やクリエイティビティを引き出すのに役立つかもしれませんが、本質にあるのは、自ら興味を持ち、自ら考え、自ら探求し、自ら表現し、自からを養うということなんです。

子どもたちのアート作品

そもそも、豊かな想像力や発想力、創造性は芸術家にだけ求められる資質ではなく、どんな世界でも役立つものです。

近い将来、人工知能＝ＡＩの急激な進化によって、現在の仕事のほとんどは人工知能を持ったロボットが代行することになるだろうといわれています。

「今、人間が行っている仕事の約半分は、10～20年以内にコンピュータに奪われてなくなる」と、オックスフォード大学のＡＩ研究者は予測しているようです。

マイクロソフト創始者ビル・ゲイツも「創造性を必要としない仕事は、全部テクノロジーによって代行される」と語っています。

将来、我が子の仕事をＡＩに奪われてしまうなんて、いやですよね？

といってもＳＦ映画の世界の話のようで、まだあまり実感がわかないかもしれませんが、パソコンやインターネットの普及やスマホの出現によって、世界中の人たちのワークスタイルやライフスタイルが大きく変化したように、ＡＩの進化によって、次世代の働き方が大きく変わるのは間違いありません。

時代が変化すれば、教育も変化していくのが自然です。

私はレッジョ・エミリア・アプローチの方法論を、単に右から左に持ってくるつもりはなく、いろいろな教育メソッドと複合的に組み合わせて、独自の「ＳＥiＲＹＯメソッド」を進化させていきたいと考えています。

# 一生学び続ける大人から子どもは自然に学ぶ

もともと日本の幼児教育のベースになっているのは、「モンテッソーリ教育」です。モンテッソーリ教育とは、1907年にイタリアの首都ローマの医師マリア・モンテッソーリが考えた教育メソッドです。

20世紀にそれが欧米を中心に広まり、現在110カ国に約2万2000のモンテッソーリスクールがあるといわれています。

英国のウィリアム王子とキャサリン妃の長男ジョージ王子も、モンテッソーリ保育園に通園しています。

モンテッソーリ教育の基本は、子どもが生まれながらに持っている、自らを成長させる力を信じ、親や教師はそれをくみ取って、子どもの自由で自発的な活動をサポートするという考え方にあります。

それによって、責任感と他人への思いやりと、生涯学び続ける姿勢を持った、自立した人間に育てることがモンテッソーリ教育の目的です。

モンテッソーリ教育をはじめ、世界にはさまざまな教育方法があり、私も世界中の教育を実際に足を運んで見て回り、自ら学んでいます。

アメリカのミネソタ・ニューカントリー・スクール（ミネアポリス）発祥のエドビジョン型の「ＰＢＬ（Project Based Learning）」をベースとした機関「日本ＰＢＬ研究所」では、元千葉大学教授の上杉賢士先生（現グリーンヒルズ小・中学校 校長）をはじめとする先生方に学んでいます。

また、これまでにアメリカ、オーストラリア、ニュージーランド、韓国、インドネシア、フィリピン、シンガポール、ブータン、アフリカ、イタリア、オランダなどを訪れ、それぞれの教育方法を探求してきました。

ミネアポリスの学校の視察時、著者が現地の新聞社より取材を受ける

その中でも興味を持っているのが、ドイツで生まれ、オランダで広まった「イエナプラン」です。この教育スタイルも教師が

前に立って教えるのではなく、年齢の異なる子どもたちが同じ教室で教え合い学び合うスタイルです。

ＰＢＬしかり、モンテッソーリ教育しかり、レッジョ・エミリア・アプローチしかり、イエナプランしかり、デ・ファリキしかり、いずれも子どもの自主性を大切にした実践的な教育手法です。

大人が一方的に知識を教え込むのではなく、子どもの個性や自発性を重視した教育をより充実・発展させていくために、私自身も一生学び続けるつもりです。

「これで完璧」「君たちもこれをしっかり学びなさい」と子どもたちに上から目線で知識やノウハウを押しつけるのではなく、大人も常に謙虚に学び続ける姿勢を持ち、自らの生き方を通して子どもたちにそれを示すことが大切だと思うからです。

大人も自発的に学び、果敢にチャレンジし続ける姿を子どもたちに見せれば、その背中を見て子どもたちは自然にそこから何かを感じ、学び取っていくのではないでしょうか？

そんな想いから昨年、タンザニアにあるアフリカ大陸最高峰キリマンジャロ（約６０００ｍ）に登頂成功しました。約1週間歩き続けて、風呂なし生活だったと話すと、よくされる質問があります。

キリマンジャロに登ってどうだったの？

教えて！　教えて！

そこでいつも私が答えることはこうです。

「私は登山家ではないので、山の話は登山家のブログでも読んでください。それより何より一番印象に残ったのは、日本に帰ってきて蛇口をひねったらお湯が出たこと！　そして寝床が温かかったこと！」

みなさんは、この回答を聞いてどう思いましたか？　当たり前の生活に慣れ過ぎていて、「は？」といった印象なのでは？　でもこの日本という国の外に出ると、日本の素晴らしさや、日本人の温かさなど、いいところがいっぱい発見できるんです。

この話を始めると1冊の本になってしまうので、いつかのタイミングでまた詳しくご紹介しましょう。

タンザニアのサファリにて

# 第6章

# 待機児童、児童虐待、貧困──子どもたちを取り巻く現状

# 待機児童問題と地域の理解

「保育園落ちた　日本死ね！」

保活に失敗したお母さんが書いたという、こんなタイトルのブログが２０１６年に話題となり、国会でも待機児童問題のひとつとして取り上げられました。

まがりなりにも子育て中のお母さんが「死ね」という暴言を吐くことには賛同できませんが、待機児童問題は大きな課題です。

待機児童は少しずつ減少していますが、それでも全国で2万人以上います。

全国でも待機児童数が圧倒的に多い東京都の場合、２０１６年に保育施設に入れなかった待機児童数は８４６６人で、その9割以上は0～2歳児です。

こうした現状を踏まえ、保育施設の新設が東京をはじめ、全国的に進められています。

それによって、定員数も増えていますが、利用申込者の数がそれを上回っているので、待機児童問題が解消されない状態が続いているといえます。

私も、目黒区、ベイエリア、世田谷区周辺など、東京都内にも保育園を新たに作る準備

待機児童数の推移(各年4月1日時点)

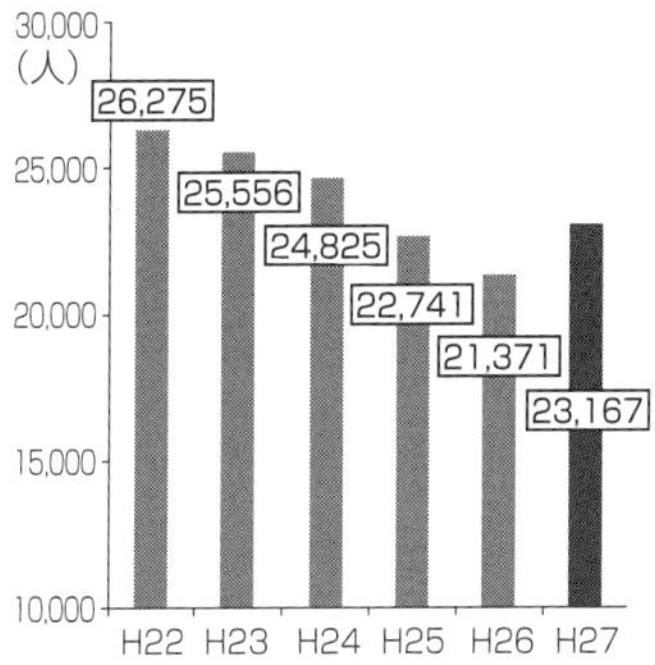


年齢区分別の保育所等利用児童数・待機児童数

| | 利用児童数(H27.4.1) | | 待機児童数(H27.4.1) | |
|---|---|---|---|---|
| 低年齢児(0～2歳児) | 92万840人 | (38.8%) | 1万9,902人 | (85.9%) |
| うち0歳児 | 12万7,562人 | (5.4%) | 3,266人 | (14.1%) |
| うち1・2歳児 | 79万3,278人 | (33.4%) | 1万6,636人 | (71.8%) |
| 3歳以上児 | 145万2,774人 | (61.2%) | 3,265人 | (14.1%) |
| 全年齢児計 | 237万3,614人 | (100%) | 2万3,167人 | (100%) |

※利用児童数は、保育所のほか、幼稚園型認定こども園等、地域型保育事業を含む

（資料：首相官邸ＨＰより）

を進めています。

しかし、実際に保育園を作るには、行政の認可だけでなく、地域住民の理解も得られないと実現できません。

たとえば、２０１６年に東京都杉並区が次年度の待機児童をゼロにすることを目指して、区内の公園や区民センター中庭など11カ所を認可保育園（保育所）として整備する計画を発表したところ、地域住民から反対の声が上がり、計画の見直しを余儀なくされています。

「園児の歌声やピアノがうるさい！」「園庭で子どもたちが遊んでいる声がやかましい！」などと地域住民から苦情が来るのも珍しいことではありません。

そうした地域の声に対応して、子どもを園庭で遊ばせるのを控えたり、楽器を使わないようにしたり、大きな声で合唱しないようにしたり、子どもたちの姿が外に見えないように目隠しをしている園もあります。

子どもの五感の成長には歌ったり、大きな声で返事したり、屋外で元気に遊んだりすることが大切ですが、地域住民の理解が得られない限りは残念ながらいたしかたありません。

「少子化が年々進んで、子どもが減っているのに、どうして待機児童問題が起こるの？」と思われる方もいるかもしれませんが、どんなに待機児童を受け入れたくても、幼稚園や保育園を勝手にポンポン増やせないのが実情なのです。

また、保育施設を増やし、質の高い保育を行うためには、保育士の確保も同時に行う必要があります。

保育所は地方公共団体が運営する公立保育所と、社会福祉法人や株式会社が運営する私立保育所があるので、一律には語れませんが、２０１５年の賃金構造基本統計調査によると、保育士の給与は全国平均で年収３２３・３万円（平均年齢35歳）となっています。

「保育士の賃金は安い」とよくいわれますが、国が定める保育士の給与は、公務員の給与改定に準拠したものとして、２０１４年度に２・０％（月額約６０００円）アップ、翌２０１５年度に１・９％（月額約６０００円）アップされています。

さらに２０１５年４月からは、子ども・子育て支援新制度により、勤続年数や経験年数に応じて約３％相当（月額約９０００円）の改善が図られています。

保育士が退職する理由には、給料だけでなく、それに見合わない仕事量や労働時間の問題、特に人間関係の問題が多く含まれています。

保育士を確保するためには、処遇の改善や業務負担の軽減、そして預ける親たちの質の担保なども合わせて考えていく必要があります。

## 子育て世代の7割以上は共働き

待機児童問題が顕在化し始めたのは、バブル経済が崩壊した１９９０年代初め、夫婦共働き世帯が専業主婦世帯を上回ったころからです。

政府の後押しもあって、女性の社会進出は年々進んでおり、22歳～55歳未満の女性の7割以上は働いています。

厚生労働省の２０１４年度調査によると、男性の労働人口は前年より10万人減少して

3763万人になったのに対して、女性の労働力人口は前年より20万人増えて2824万人と過去最高になっています。

5人以上の事業所における女性常用労働者の1人平均月間総実労働時間は125・3時間です。週休2日として単純計算しても、1日約6時間働いていることになりますから、一般的な共働き家庭では保育園などを利用せざるをえません。

働き盛りである40代の団塊ジュニア世代は、非正規雇用が増え、男性の平均年収も400万円台で経済的に余裕がありません。

特に子どもの教育費がかかるので、子育てをしているお母さんたちは、独身や子どものいないDINKS（共働きで意識的に子どもを作らない、持たない夫婦）と比べると、自分のために使えるお金や時間が削られてしまいます。

また、共働きの場合は、子育ても仕事もがんばっている中で心身のバランスを崩してしまうお母さんが多く、専業主婦の場合も、育児に追われる中で社会から孤立して、うつや引きこもりになるケースがあるといわれています。

第2章で、子育てママのほぼ100％は何らかのストレスを抱えているとお話ししましたが、こうした社会背景も一因となっていると考えられます。

## 15年で約8倍に急増した児童虐待

最近は、ぞっとするようないたましい児童虐待事件がよくニュースになっています。

厚生労働省の報告によると、2015年の全国の児童相談所での児童虐待相談の対応件数は、初めて10万件を超え、統計を取り始めた1990年度から25年連続で過去最多を更新し、過去10年で約3倍に増えています。

2014年度の調査では、虐待者の約半数以上は実母、3割強が実父で、虐待を受けている子どもの年齢は、0歳～3歳未満が約2割、3歳～学齢前児童（満6歳）が約2・5割となっています。

つまり、虐待の被害者全体の半数近くは0歳から小学校に上がる前までの幼い子どもたちで、しかもその加害者の9割近くが、実の母親と父親なのです。

「これは虐待じゃなくて、子どものためのしつけ」と思っている保護者も多いようですが、しつけのつもりでも、子どもが耐え難い苦痛を感じているとしたら、それは虐待です。

子ども虐待の定義は、「児童虐待の防止等に関する法律」によって、「身体的虐待」「性的虐待」「ネグレクト」「心理的虐待」の4つに分類されています。

「身体的虐待」は、保護者が子どもに暴力をふるったり、縄などで拘束する、寒い時期に戸外に閉め出すなどの行為で、度を超えると死に至ることもあります。

「性的虐待」は、子どもへの性的行為やポルノグラフィの被写体にするなどの行為で、虐待全体の約2％と少ないのですが、実態がなかなか表に出にくいため、実数はもっと多いと推測されています。

「ネグレクト」は、幼稚園や学校に通わせず家に閉じ込めたり、食事を与えなかったり、子どもをお風呂に何日も入れないなど不潔にしていたり、あるいは重い病気になっても病院に連れて行かないなど、保護の怠慢や養育の放棄につながる行為です。

パチンコに熱中していて赤ちゃんを自動車の中にうっかり放置する、育児知識の不足から成長に不可欠なミルクを与えていないなどの行為も、ネグレクトという名の虐待なのです。

親に何ら悪気がなくても、ネグレクトによって子どもの安全や健康が損なわれ、死に至ることも少なくありません。

「心理的虐待」は、子どもに対して無視をしたり、子どもの自尊心を傷つけるような言葉を日常的に浴びせたり、言葉による脅しで恐怖に陥れたりする行為です。

お姉ちゃんだけをかわいがって、妹には冷たくするなど、兄弟姉妹間の差別的な扱いや、子どもには暴力をふるわなくても、子どもの目の前で家族に対して暴力を振るう面前DV（ドメスティック・バイオレンス：家庭内暴力）も心理的虐待に当たります。

2015年には、心理的虐待が前年より1万件近く多い4万8693件に増え、全体の半数近い47・2％を占めています。

心理的虐待の中では特に、子どもの目の前で家族に暴力をふるう面前DVで通告されるケースが増えているようです。

次いで、身体的虐待が2万8611件（前年度比2430件増）、ネグレクトが2万4438件（前年度比1983件増）、性的虐待は1518件（前年比2件減）となっています。

都道府県別で見ると、ワースト3は1位が大阪府1万6581件、2位が神奈川県1万1595件、3位が東京都の9909件で、最も少ないのは鳥取県の87件でした。

厚生労働省は2015年7月より、虐待通告や子育ての悩みを受け付ける児童相談所の全国共通ダイヤルを10ケタから簡単な3ケタの「189」に簡略化しました。

そのせいもあってか、全国共通ダイヤルにかかってきた児童相談の電話は2014年度は2万1144件だったのに対し、2015年度は23万3880件に急増したそうです。

凄まじい数の児童虐待が、この日本で繰り広げられていることに愕然とします。

共働きや待機児童問題、離婚の増加、核家族化による孤立、経済的に苦しい家庭の増加などが、こうした児童虐待の背景に根深く関わっているのではないかと懸念しています。

親がどんなに「子どものため」「しつけのため」と思っていても、子どもの心や体に傷を与えたり、心身の発達に支障を来したりする行為であれば、児童相談所に通報される可能性があります。

実際に私の園でも、児童相談所に相談したことが何度かあります。

顔や足など見えるところに傷はなくても、背中や胸やお腹など、見えないところにひどい傷やなぐられたようなあざがあれば、先生も「これは変だな」と気付きます。

あるお母さんから、「私はどうしても自分の子どもがかわいいと思えないんです。だからつい強くたたいたり暴力を振るったりしてしまう自分を止められないんです。このままだ

児童相談所における児童虐待相談対応件数

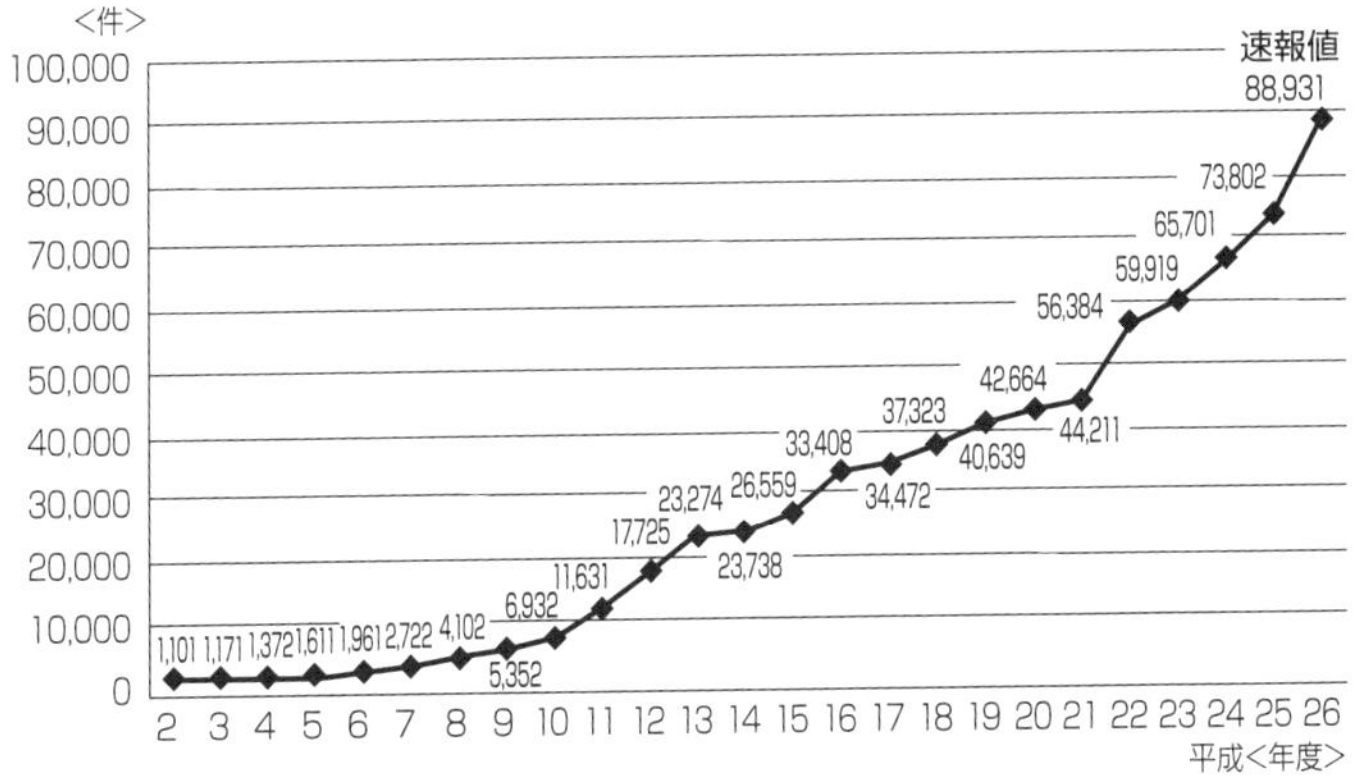


か わ か う ま し て し を 何 に も ど 子 と

児童相談所における児童虐待相談対応の内容

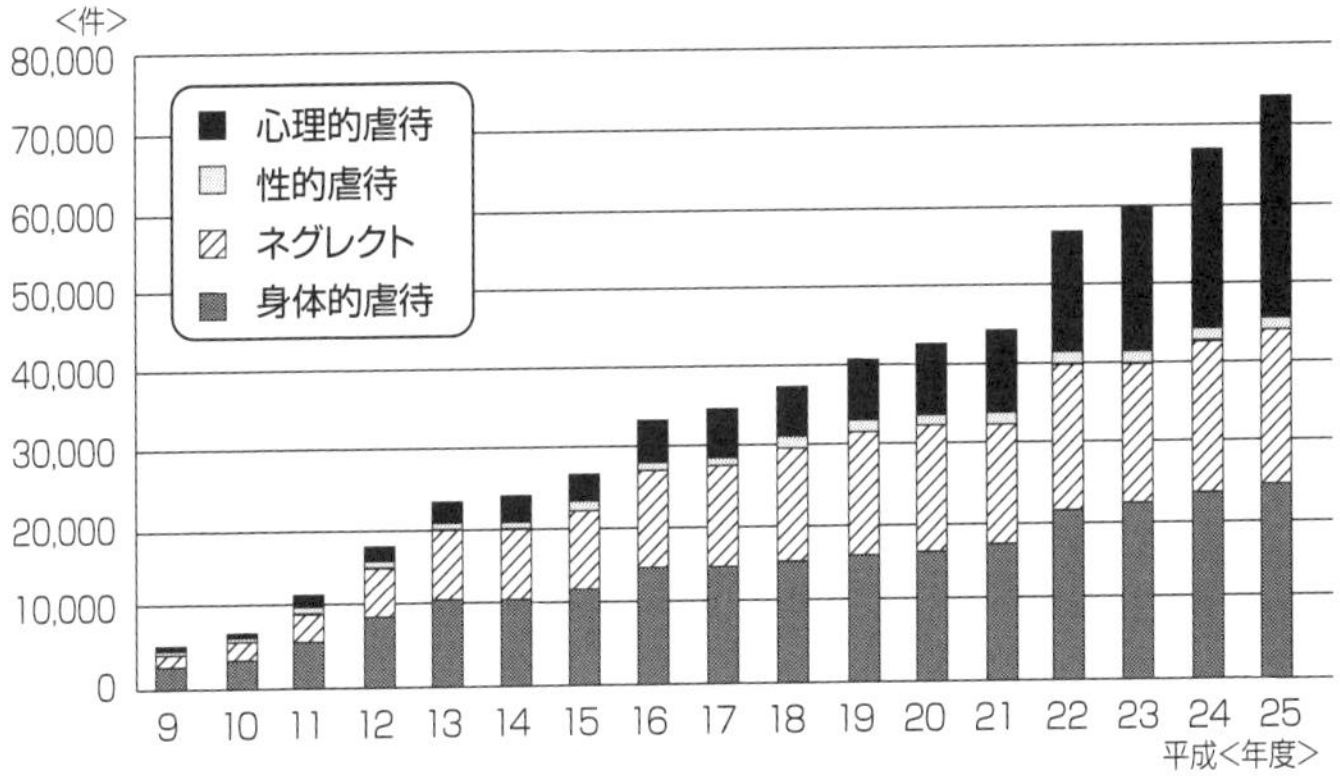


<参考資料>厚生労働省 社会福祉行政業務報告に基づき、NPO法人 児童虐待防止全国ネットワークが作成

コラム

## 幼稚園と保育所の違いとは？

「幼稚園と保育所はどう違うんですか？」

私は幼稚園と保育所の両方を運営しているので、よくそんな質問を受けます。

まず大きな違いは、幼稚園は学校教育法に基づいており、文部科学省が管轄している「学校」のひとつです（当学園では幼児学校と呼んでいます）。

一方、保育所（保育園）は、児童福祉法に基づいており、厚生労働省が管轄している「児童福祉施設」のひとつです（当学園では乳児保育所と呼んでいます）。

幼稚園の対象年齢は、満3歳から小学校就学の満6歳まで、保育所の対象年齢は、満1歳（生後57日目〜）に満たない乳児から小学校就学前の満6歳までです。

幼稚園の先生は、「幼稚園教諭」、保育所の先生は「保育士」が正式名称です。

では、「保育園と「保育所」の違いはご存知ですか？

「保育所」は、児童福祉法に基づいて国が定めた認可基準（施設の広さ、保育士など人数、給食設備、防災管理、衛生管理など）をクリアして、都道府県知事に認可された児童福祉施設です。

この認可がある施設以外は「保育所」と呼ぶことができず、「保育園」と呼ばれます。「認可保育園」と「無認可保育園」という言い方も聞いたことがあると思いますが、前者が「保育所」で、後者が都道府県に認可されていない保育園です。

年齢が低い場合、幼稚園の場合は遊ばせることがメインですが、保育園は年齢に合わせた保護方法が細分化されているため、先生が幼稚園から保育所に行くと戸惑う、という声をときどき聞きます。

保育時間は、幼稚園が標準4時間、保育所は原則8時間となっていますが、最近はワーキングマザーが増えたことから、幼稚園の保育時間を延長したり、預かり保育を行う幼稚園も増えてきました。191ページでも紹介していますが、習志野台幼稚園でも、延長保育や預かり保育を行っています。小さな子どもにとって、1日4時間~8時間、場合によってはそれ以上の長い時間を過ごす幼稚園や保育所は、その子の成長に大きな影響を与えます。

私は保護的な視点で子どもを預かることを主眼としている保育所を、もっと幼稚園のように教育的な視点でとらえていけたらと考えています。

子どもたちの安心・安全な環境を提供するのはもちろん、さまざまな遊びや教育を通じてひとりひとりの能力を高めていけば、子どもたちを預かる貴重な時間をさらに有効に活かすことができると思うのです。

りません……」という深刻な相談を受けたこともあります。

そのお母さんは、自ら児童相談所にも相談に行っていたようですが、多くは親が虐待していることに無自覚なまま、周囲が気付いて児童相談所に連絡しているようです。

2016年4月には、厚生労働省が児童虐待への対応を強化する「児童相談所強化プラン」を発表し、児童福祉司や児童心理士、保健師などの専門職を今後4年間で1000人以上増やしていくそうです。

虐待は、成長してからも心の大きなトラウマとなって、その子を一生苦しめます。

また、虐待された子は、別の子をいじめるなど、いじめの連鎖にもつながります。

保護者の方は、「ひょっとしたら、今自分がやっていることは虐待に当たるのでは……?」と、子どもに対する自分の言動をかえりみる習慣をつけてほしいと思います。

## 子どもの6人にひとりが貧困状態

厚生労働省の2012年度の調査では、子どもの貧困率は過去最悪の16・3%になり、

17歳以下の子どもの6人にひとりが貧困状態であるという実態が明らかになっています。食べるものも着るものもあり余っている先進国の日本で、実に300万人以上もの子どもが貧困状態にあるのです。貧困率とは、低所得者の割合を示す指標のことで、貧困率が高いほど、経済格差が広がっているといえます。

通常、子どもには収入がないため、子どもの貧困率は親の年収入をもとに割り出します。まず年収から税金などを差し引いた全世帯の可処分所得を、ひとり当たりに換算して低い順に並べ、平均値の半分に満たない貧困ラインの人の割合を出します。2012年度の貧困ラインは、年間所得が122万円未満の人でした。

中でも深刻なのは母子家庭など「ひとり親世帯」の子どもで、貧困率は54・6％と母子家庭の2人にひとりは貧困ライン以下でした。

児童扶養手当があっても、貯蓄貯金も養育費もなく、実家などの援助もないとすると、やりくりはとても大変です。どんなにお母さんが子どもと一緒にいたくても、寸暇を惜しんで働いて稼がなければ、経済的に子どもを養っていけません。

今は3組に1組が離婚しており、シングルマザーも年々増加しています。

総務省が2010年に行った国勢調査によると、シングルマザーの総数は約108万人でした。そのうち、未婚のシングルマザーは約13万2000人で、10年間で約2倍になっています。今後も、シングルマザーの数は増加すると見られています。

「3歳になるまでは、保育施設に預けず、お母さんが子育てをするのが理想的」という〝3歳児神話〟については賛否両論あるようですが、小さな子どもはお母さんと一日を過ごすのが最も自然な姿であると私は考えています。

3歳未満の子どもを保育施設に預けているお母さん方の中にも、「本当は子どもを預けず、自分で子育てしたい」という人も少なくないのではないかと思います。

ただ、こうした社会事情から、子どもを小さなときから保育施設に預けなければならない家庭が多いという事実を受け留め、できるだけそれに応えていきたいと思っています。

## 働くお母さんのニーズに応えたい

「子どものお迎えの時間に合わせると、どうしても仕事が制限されてしまう」

「仕事をしながらでは、通勤時間との兼ね合いで、行かせたい幼稚園に通わせられない」

「キャリアアップのための資格の勉強や、習いごとをしたいけれど、毎日の子どもの送り迎えがあって難しい」
そんな働くお母さんたちの悩みに少しでもお応えして、私はより多くの子どもたちが、しっかりとした教育が受けられる環境を作っていきたいと考えています。
私が理事長代行を務める「学校法人ＳＥｉＲＹＯ学園」では、３歳から５歳児を預かる本校の「習志野台幼稚園」において、通常の幼稚園の保育時間は４時間なのに対して、８時半〜14時までの保育時間以外にも「預かり保育」を行っています。
当園の預かり保育には月極と単発の２通りあり、平日の朝７時半からお子さんを預かる「モーニングフリッパー」、平日午後14時以降に預かる「フリッパークラブ」、長期休園期間に預かる「ホリデーフリッパークラブ」の3つの時間・期間設定をしています。

また、幼稚園の敷地内には、0歳～2歳児を預かる「認可保育所アポロンの丘」を2013年より併設しています。

「小さな子でも預けて大丈夫かしら……?」とご心配なお母さんのために、2歳の未就園児を対象とした教室「ピヨピヨクラブ」も実施しています。初めての集団生活の中で、幼稚園の年長・年中・年少児と一緒に生活し、友だちとのふれあいを通して、社会性や基本生活習慣を身につけ、自主性の基礎を養います。

運動会やお遊戯会などの幼稚園の行事にも参加し、さまざまな遊びを通して情緒の安定をはかり、自立の芽生えを大切にします。

「ピヨピヨクラブ」でもネイティブ職員によるイングリッシュレッスンを正課で受けられるほか、幼稚園の最寄り駅である北習志野駅の駅ビル内でも、0歳児からネイティブの先生による英語の授業が受けられる「保育ステーション・ハミングバード」を運営しています。

また、2017年からは民間の学童保育「KOSO Living Lab（コソリビングラボ）」も展開し、地域の発信地にしていく予定です。

Ｌｉｖｉｎｇ Ｌａｂとは、サービス開発の初期段階からエンドユーザーに関わってもらい、アイデアを出したり、それをブラッシュアップしたり、デザインして具現化したりという一連の流れを継続的かつ共創的に行っていくモデルのことです。

「ＫＯＳＯ（こそ）」と冠したのは、「子どもだからこそ」できることを、ここで発信していこうと考えたからです。

ヒントにしたのは、深い暗闇を体験するドイツ発祥の「ダイアログ・イン・ザ・ダーク（ＤＩＤ）」の日本版を主催している代表の志村さんご夫妻に伺った「全盲者だからＫＯＳＯ（こそ）できることを」という言葉でした。

「全盲者だから、あれもこれもできない」ではなく、「全盲者だからＫＯＳＯできることをする」のです。

それと同じように、「子どもだから、あれもこれもまだできない」ではなく、「子どもだからＫＯＳＯ、できること」「子どもだからＫＯＳＯ、発見できること」「子どもだからＫＯＳＯ、学べること」「子どもだからＫＯＳＯ、発信できること」がたくさんあると私は思っています。

あとがき

# 幼稚園をパワースポットに！

私は決して「良い子」ではなく、それどころか世間で言うところの「不良」？　とにかくかなり「悪い子」でした。30年以上も前の話ですからいいですよね!?

祖父は全国私立幼稚園連盟と医師会を立ち上げた地元の名士で、その遺志を継いだ父も千葉県船橋市に幼稚園と保育所、オーストラリアにもプレキンダーを作った名士です。

そんな名士の家庭に生まれ、幼少期にはＩＱ１６０の天才少年として期待されていました。

ただ、当時からかなりの悪童で、親や幼稚園の先生を困らせ、あきれさせたことは数知れないほどです。

それでも、文武両道の才能に恵まれた私は、小学2年生のときはリトルリーグで4番ファーストとして活躍。小学5年生から始めたサッカーでは、全国大会で優勝して日本一に輝き、さらに中学校に上ってからも千葉県代表の選抜選手となりました。

高校はいわゆる進学校と知られる市川学園に進学。

私が所属していたサッカー部は、千葉県大会で優勝し、シーズンが全国大会の時期ではなかったため、関東大会に出場。私自身も高校1年生まではゴールキーパーとして、2年生からはフィールドプレーヤーとして国体選手の候補に抜擢されました。

その当時はパンクバンドも結成しており、レコードを発売すると、アメリカやドイツの音楽チャートでベスト10入りを果たしました。

当時の私は、金髪モヒカン。身長も高く、何かと目立つ存在だったことから、地元の暴走族チームに目をつけられてしまいました。

「仲間になれ」といわれ、「暴走族なんてダサいから入らない！」と突っぱねると、「入らないなら潰す！」と脅されました。

「俺を潰せるもんなら潰してみろ！」と啖呵を切り、「リーダーだったらなってやるよ！」と切り返すと、「お前だったらいいよ」とあっさりＯＫが出て、暴走族のリーダーに祭り上げられてしまいました。

今ではそのエピソードを語るとき、「そのころからM&Aがあったんだ?」と笑いのネタにされています。

ただ、当時はやんちゃだった半面、精神的に落ち込んで鬱病っぽくなったりした時期もあり、「なぜ?」といった想いからその影響もあって心理学や精神医学に興味を持つようになりました。

高校時代はとにかく枠にはまるのが嫌いで、みんなが当たり前のように大学進学を目指している中、大学に行く意味が分からないと思い、まったく受験勉強をしませんでした。
とはいえ、親の意向もあってしぶしぶ大学に入ったものの、学生時代はバイトに明け暮れ、バイト代をすべて注ぎ込んだカルマンギアのオープンカーを乗り回して遊んでいました。
当時、1984年製のヘッドがショベルで、下回りがエボ（非常にマニアックですみません）のアメリカ国内のポリス仕様輸入車の希少なハーレーにも乗っていました。ハーレーの聖地でもある、オーランドのデイトナバイクウィークの50周年に行ったり、ハーレーバイカーとしてファッション誌の『ヴォーグ』に載ったりしたこともあります。在学中もバイト代はバイクと旅にすべて注ぎ込んで、結局、大学を辞めてしまいました。

若いころの破天荒なエピソードには枚挙にいとまがありませんが、私は決して当時の武勇伝を紹介したいわけではありません。ただ、私自身が残念ながら親の思った通りの生き方をしていたわけではなく、いかにレールから外れまくった人間であったかということをお話ししたかったのです。

「なんでこんなにトンデモない人が幼児教育なんてやっているの!?」

読者のみなさんの中には、そんな疑問を抱く人もいらっしゃるのかもしれませんね。

実は私自身、幼稚園を経営していた父親にずっと反発していました。

その当時は、祖父の葬式にも金髪モヒカンで、ずかずか踏み込んで、親族一同をドン引きさせるような不遜な若造でしたから、まさか自分が幼稚園経営を引き継ぐなどとは、夢にも考えてもいませんでした。

しかし、そんなある日、私は父親に幼稚園の応接室に呼び出されました。

残念ながら父親の説教の中身は聞き流していたのでほとんど覚えてはいませんが、ただそのとき、ふと窓から見えた幼稚園の子ども達が遊ぶ、園庭の様子だけは今も鮮明に思い出すことができます。

きらきらした太陽の下ではじける無邪気な笑顔、青空に吸い込まれるはしゃぎ声、ありったけの力で園庭を駆け回りながら、子どもの世界を嬉々として生きている園児たち——

ああ、親父はこんなに素晴らしい環境で仕事をしていたのか——!

そんな世界が自分のすぐ身近にあったことに、私はそのとき初めて気付いたのです。

そのことがきっかけとなって、私は家業を継ぐことを決意しました。

あの日あのとき、私の人生を大きく変えてくれた、園庭を駆け巡っていた子どもたちの無邪気なパワー! あんなきらきらと澄んだ気がみなぎる「パワースポット」のような、世界一居心地の良い子ども達の環境＝保育所（乳児保育所）や幼稚園（幼児学校）、学童保育所（就学児）などを作るのが私の天命と思っています。

そこで五感を磨き、潜在意識の中にたくさんの学びを蓄えた子どもたちが、いつか大人になったとき、それを爆発させて突き抜けた存在になってくれれば、本望です。

この本をここまでお読みくださったあなたに、最後にひとつ質問をさせてください。
「あなたにとって、『子ども』とは、どんな存在ですか？」

いぬかい良成

2016年夏

Kaede

子どもは「悪い子」に育てなさい
天才児が育つ７つの習慣

2016年10月1日　第1刷発行

著者　いぬかい良成

装丁　小山　悠太

出版プロデュース：株式会社天才工場　吉田浩

編集協力：ナイスク http//www.naisg.com
松尾里央／石川守延／鶴田詩織

轡田早月

発行者　岡田　剛

発行所　株式会社　楓書店
〒107-0061　東京都港区北青山1-4-5 5F
TEL 03-5860-4328
http://www.kaedeshoten.com

発売元　株式会社　サンクチュアリ・パブリッシング（サンクチュアリ出版）
〒151-0051　東京都渋谷区千駄ヶ谷2-38-1
TEL 03-5775-5192／FAX 03-5775-5193

印刷・製本　株式会社シナノ



ISBN978-4-86113-827-0